CÓMO INICIAR EL MINISTERIO PARA
VIUDAS

CÓMO INICIAR EL MINISTERIO PARA VIUDAS

MARLENE CRAFT

Prólogo de Doug Clay

CÓMO INICIAR EL MINISTERIO PARA
VIUDAS

Número de control de la Biblioteca del Congreso: 2022917747

ISBN de tapa blanda: 979-8-9918129-0-0
Composición tipográfica por Art Innovations (http://artinnovations.in/)
Diseño de portada por Debbie Lewis.

Impreso en los Estados Unidos de América.

ÍNDICE

RECONOCIMIENTOS

Muchas iglesias, denominaciones y viudas han participado en la creación de esta guía. Esta no es la opinión o experiencia de una sola persona, sino una combinación de décadas de ministerio y docenas de experiencias de personas reunidas con una sola herramienta que equipa al cuerpo local de creyentes para crear un ministerio para viudas dentro de su comunidad. Queremos agradecer a cada persona que ha participado en este proceso.

Agradecemos enormemente a un caballero que se ofreció a hacer una donación de contrapartida, animando a otros a sumarse a este esfuerzo. Gracias a los donativos recibidos de tantas iglesias y a corazones generosos, recaudamos los fondos necesarios para publicar el programa y ponerlo en manos de las iglesias.

Mi familia ha sido una tremenda fuente de fortaleza y sabiduría durante el proceso de escritura. Mis dos hijos tuvieron un rol estratégico en este proceso que duró cinco años. Mi hijo menor, Brian, se integró al equipo de Widows Link desde sus inicios. Sus habilidades de diseño junto con su corazón por las viudas han sido fundamentales para este producto final. Mi hijo mayor, Chris, ha compartido su sabiduría y consejos en muchas áreas. Mi hermana, Lori, ha sido mi porrista constante, siempre animándome a seguir adelante con este llamado que Dios puso en mi ser. Me siento muy bendecida de tener tantas personas que han orado y me han animado a lo largo de este viaje.

Un gran agradecimiento al consejo directivo de Widows Link que ha estado de nuestro lado animándonos a través de los obstáculos y desafíos que hemos enfrentado estos años. Gracias por sus corazones dispuestos a bendecir este ministerio.

Gracias a las iglesias, distritos y muchos socios que nos han apoyado con sus oraciones, amor y contribuciones financieras a lo largo de los años. Es gracias a cada uno de ustedes que ahora tenemos una herramienta que las iglesias pueden utilizar para ministrar a las viudas. No hay palabras para expresar el profundo aprecio y amor que siento por cada uno de ustedes que han contribuido en este proyecto. Desempeñaron un rol transformador en las vidas de las viudas, que durará por la eternidad. Un día, recibirán la recompensa de nuestro Padre celestial. Les doy las gracias, de corazón.

PRÓLOGO

Para entender cómo comenzar cualquier ministerio, debes tener el *porqué* claramente definido. Como cristianos, todos acudimos a la Palabra de Dios para definir el *porqué* de nuestras vidas; sin embargo, eso no significa que siempre hagamos lo que hemos sido llamados a hacer. A veces esto se debe a que no estamos seguros de cómo empezar. Otras veces, no nos sentimos dignos; en ocasiones, no hemos recibido las herramientas necesarias para llevar a cabo la tarea a la que fuimos llamados.

Esta es la razón principal por la cual Marlene Craft escribió esta guía. Las viudas y los viudos son personas con un gran potencial. Lo sé, ya que fui criado por una viuda. Marlene desea que aprovechemos la riqueza de estos individuos y los equipemos para alcanzar su potencial redimido. Claramente, la Biblia nos llama a cuidar de estas personas tan preciosas, y cuidarlas significa ayudarlas a encontrar su vocación. En este libro escucharás y sentirás el llamado que Dios hace a su pueblo para cuidar de las viudas, tanto para el bien de las mismas, como para la gloria de Él. Descubrirás que *tú* eres digno, porque esta tarea no está limitada al pastorado ni al personal de nuestras iglesias, sino que *tú* también puedes apoyar la obra de este reino. Serás equipado con herramientas e ideas que te recordarán que no estás solo. Todo el pueblo de Dios ha sido llamado a participar, de alguna manera, en el cuidado de las viudas.

Efesios 2:10 nos recuerda que Dios ha preparado buenas obras para que las llevemos a cabo. Esos hechos siguen vigentes en todas las edades y etapas de la vida. Marlene desea empoderarte para que actúes a través de este gran recurso.

Al leer esta obra, estoy seguro de que sentirás el llamado a responder.

— **Doug Clay,** *Superintendente General*
de las Asambleas de Dios

INTRODUCCIÓN

Esta guía fue creada para acortar los puntos entre el *deseo* de un ministerio para viudas y la *implementación* de un ministerio eficaz que transforma las vidas de las viudas en las iglesias locales para siempre.

En los dos primeros capítulos veremos por qué es necesario un ministerio para viudas. Esto te ayudará a entender lo que experimentan las viudas, de manera que puedas comprender mejor su proceso. Leerás acerca de sus luchas y cómo las han superado al conectarse con otras personas que han recorrido el camino de la viudez. Al comenzar a leer esta guía y emprender este esfuerzo titánico para cambiar las vidas de las viudas dentro de tu comunidad, es probable que sientas que es una tarea abrumadora. Ten en mente esto desde el principio: **¡tú puedes!** Todo lo puedes en Cristo, que te fortalece.

En esta guía, encontrarás información acerca de la mejor manera de abordar el ministerio para viudas. Repasaremos el dolor que sienten las viudas, para que así puedas comprender mejor su proceso. Además, hablaremos acerca de lo que dice la Biblia sobre las viudas, y luego te daremos instrucciones para ayudarte a iniciar tu ministerio para viudas. La información recopilada en esta guía se ha plasmado después de años de preparación y experiencia ministerial. La recopilamos en un solo lugar para que tengas todo lo que necesitas para comenzar a trabajar.

Más allá de mera información y un plan, te queremos equipar con recursos adicionales que te ayudarán en tu viaje. Desde formularios en blanco hasta actividades grupales creativas, hemos hecho todo lo posible para equiparte y que así tengas un ministerio eficaz y centrado en Cristo dentro de tu comunidad. Todos los documentos en blanco al final de esta guía pueden descargarse gratuitamente en formato digital en WidowsLink.org.

Esta guía fue escrita con el objetivo de equipar a las iglesias para que realicen el ministerio para sus viudas en un formato de grupos pequeños. Jesús empleó grupos pequeños para discipular a 12 hombres que cambiaron el mundo. Su modelo parece haber funcionado bastante bien.

Hemos visto a lo largo de los años cuán importantes son las relaciones para crear un cambio real y un ministerio duradero dentro de la iglesia. Ningún grupo étnico necesita más relaciones que las viudas. Cada viuda ha perdido a alguien de suma importancia, lo que crea una enorme brecha, por lo que nosotros ayudamos a cerrarla de dos maneras. Primero, ayudamos a cerrar la brecha de esa relación entre las viudas y su Creador. Hacemos esto al hablar de las promesas de Dios en el contexto de grupos pequeños. En segundo lugar, cerramos esa brecha conectándolas con otras viudas que han experimentado el mismo dolor.

Widows Link existe para equipar al cuerpo local de Cristo para alcanzar, cuidar y empoderar a las viudas de todo el mundo. Esto comienza contigo, el líder de la iglesia local o de la organización cristiana. A lo largo de esta guía, nos dirigiremos a la persona que dirigirá el ministerio para viudas. Si eres un pastor o una pastora, este será un recurso increíble para el líder laico que consideras que Dios está designando para encabezar este ministerio en tu iglesia local. Podrás entregar esta guía al líder, quien las acompañará, paso a paso, a través del proceso de iniciar un grupo de viudas.

Una de las razones principales por las que existe esta guía es para apoyarte con todo lo que necesitas para iniciar un grupo de viudas, excepto la oración, un líder y los tiempos del Señor. Tener un ministerio exitoso no se trata de números o presupuestos; se trata de seguir los pasos del camino que Dios ha puesto delante de ti.

Nos entusiasma la posibilidad de asociarnos contigo durante este tiempo de crecimiento y nuevas aventuras. Dios hará grandes cosas a través de tu ministerio para viudas.

Le pedimos a Dios que este programa equipe, informe y despierte en ti la pasión por el ministerio para viudas.

CAPÍTULO 1

TOMAR CONCIENCIA DE LAS HISTORIAS NO CONTADAS

La historia de Joann: "¿Quién sufrirá conmigo?"

Hace 11 años, Joann y su esposo apenas comenzaban a disfrutar de esos maravillosos "años de jubilación" que todo mundo espera con ansias. Su casa estaba pagada. Tenían ahorros y podían viajar para ver a su familia y visitar los muchos lugares que soñaban ver.

¡Había sido bendecidos con una vida pintoresca!

Sin embargo, todo eso se hizo añicos un día cuando, sentados en el consultorio de un médico, recibieron el informe de que su amado esposo, Buddy, tenía la enfermedad de Alzheimer. No tenían idea de lo que les esperaba, pero lo afrontarían juntos.

Algunos viajes son cortos, pero este no. Fueron 10 largos y duros años viendo a su compañero de vida perder lentamente la memoria, con muchos altibajos y días buenos y malos. A medida que pasaba el tiempo y él empeoraba, hubo días dolorosos en los que decía cosas feas que ella sabía que él nunca habría dicho en su sano juicio. La verdadera angustia llegó cuando ni siquiera la reconoció.

A medida que la enfermedad empeoró, llegó el momento en el que ya no podía cuidarlo en casa, y tuvo que tomar la difícil decisión de internarlo en un asilo de ancianos. El costo del asilo de ancianos devoró sus ahorros como las termitas devoran sus cimientos. Llegó el día en el que se les acabaron los ahorros, y el asilo de ancianos le informó que debía entregar su casa a cambio del servicio prestado a Buddy.

Joann clamó a Dios, suplicando poder conservar su hogar. Era el símbolo mismo de lo que habían construido juntos. Dios, en Su misericordia, se llevó a Buddy a su hogar celestial antes de que Joann perdiera su hogar.

Joann había perdido a su amor de cincuenta años, pero al menos había conservado su casa. Sin embargo, ese mismo hogar se convirtió en una cueva de oscuridad donde se escondió del mundo. No tenía deseo alguno de afrontar una realidad que no incluyera al amor de su vida.

La idea de subirse sola a su coche y salir significaría que tendría que resignarse al hecho de que estaba sola, de que ya no iría de compras ni a comer con Buddy.

No, era más fácil para su corazón quedarse dentro de su casa y recordar lo maravillosas que solían ser las cosas. Podía mirar fotografías e imaginarlo sentado en su silla. Fuera de la seguridad de sus muros, sabía que vería parejas hablando y riendo juntas. Sería un doloroso cuchillo en su alma que le recordaría lo que ya no tenía. La gente la llamaba para invitarla a salir, pero ella prefería permanecer en la seguridad de sus recuerdos.

A menudo, parece más fácil para las viudas encogerse en su dolor y sufrimiento. Muchas pasan años aisladas, sin sentir que pueden volver a estar completas. El dolor y la soledad impiden que muchas viudas vivan sus vidas con propósito y alegría.

Joann pasó los siguientes ocho meses entre los muros protectores de su hogar. Una amiga invitó a Joann a asistir a nuestro pequeño grupo de viudas. Recuerdo la primera vez que entró a nuestra reunión. Podías ver cómo brotaba el dolor de su alma. Lloraba a ratos y no hablaba mucho. Sin embargo, sintió que las demás realmente se preocupaban por ella.

Joann decidió volver la semana siguiente. Nuevamente, las lágrimas brotaron, y se abrió un poco para hablarnos sobre Buddy. Las mujeres escucharon con cariño y pudieron compartir su comprensión de lo que estaba pasando. Era el mismo dolor que sintieron cuando murieron sus maridos.

Se forja una amistad especial cuando las viudas abren sus corazones y comparten su sentir con quienes comprenden la agonía que atraviesan. Muchos familiares no lo entienden porque no han perdido a sus compañeros de vida.

A medida que Joann seguía asistiendo a nuestras reuniones, empezó a abrirse más y más.

Recuerdo la primera vez que vi una sonrisa en su rostro. ¡Fue un día dichoso! Algunas de las mujeres que asistieron a la reunión habían traído galletas recién hechas para compartir. Janet había traído roles de canela hechos en casa para compartirlas con su nueva familia de amigas.

Charlas y risas llenaron la sala mientras las mujeres compartían lo que había sucedido durante la semana. Joann les contó a todas sobre la alegría de llevar hermosas macetas con margaritas primaverales a sus vecinos confinados en sus hogares. Compartió que una señora no había tenido noticias de su familia en dos semanas, por lo que el rostro sonriente de Joann fue como un rayo de sol para ella.

Joann se convirtió en uno de nuestros miembros más fieles. Recuerdo el momento en el que teníamos previsto tomar un viaje en tren, pero estaba lloviendo a cántaros. Cuando llegué, el estacionamiento del ferrocarril estaba casi vacío, pero allí estaba Joann, lista para tomar el tren. Ella y yo pasamos un tiempo maravilloso juntas, incluso en medio de la lluvia torrencial. Después de un par de meses, descubrí que Joann se estaba acercando a las nuevas viudas que asistían a nuestras reuniones. Conectaba con ellas y les ayudaba a sentirse cómodas.

Uno de los objetivos de Widows Link es ayudar a las viudas a descubrir que Dios tiene un propósito para sus vidas. Joann se acercó a mí una semana y me pidió que orara con ella para descubrir lo que Dios quería que hiciera con su vida ahora. Aproximadamente un mes después, vino a verme con una amplia sonrisa en su rostro. Me compartió que creía que Dios quería que visitara a las personas confinadas en sus hogares y les ministrara. ¡Ahora su vida tenía un nuevo propósito!

La historia de Janet: "Extraño a mi familia"

He escuchado que la gente dice lo siguiente acerca de las viudas: "Tienen familiares que las cuidan". Incluso si una viuda tiene familiares cerca, por lo general tienen vidas muy ocupadas. Hay algunas viudas que tienen la desventaja de no tener familiares cerca.

Janet administraba complejos de departamentos, lo que la mantuvo un poco ocupada después de que muriera su esposo; sin embargo, tratar de mantenerse ocupada durante el día parecía exigirle un gran esfuerzo. Ella sólo tenía un hijo, quien vivía en el otro lado del país, por lo que extrañarlo a él y a su nieta se sumaba a la soledad de extrañar a su esposo. Quería sentir que tenía una conexión. Su búsqueda la llevó a un grupo de recuperación de divorcios. Le gustaba ir a las reuniones y estar rodeada de gente, pero pronto entendió que ellos no entendían lo que estaba viviendo, y viceversa.

La invité a que me acompañara al pequeño grupo de viudas. Aunque estaba un poco aprensiva, pensó que estar cerca de otras personas que habían experimentado lo que ella estaba viviendo podría ser una buena combinación. La primera vez que asistió a nuestra reunión, parecía que iba de un lado a otro y hablaba con varias de las mujeres. Me sorprendió ver su apertura al platicar con todas. Siempre recordaré la enorme sonrisa que vi en su rostro al final de esa reunión. Se acercó conmigo para darme un fuerte abrazo y decir: "¡Al final encontré una familia!" Se me llenaron los ojos de lágrimas al saber que un grupo de viudas realmente podía ser una familia para quienes necesitaban consuelo y comprensión.

La historia de Ángela: "¿Qué voy a hacer ahora que estoy sola con una hija de tres años?"

Ángela era adicta al trabajo, esposa y madre de su hija de tres años. Ella y su esposo, Wayne, salieron a celebrar su cumpleaños en un restaurante fenomenal de tenedor libre tipo bufé. A Wayne le costó mucho trabajo comer. Decidieron hacerle estudios médicos que revelaron que tenía un tumor inoperable del tamaño de una toronja en el estómago. Se llamó a un centro de cuidados paliativos, y murió un mes después. De repente, Ángela se convirtió en una madre soltera atada a un trabajo de tiempo completo. ¿Qué iba a hacer? Su compromiso con el trabajo había llenado su vida. Sin embargo, entendió que ahora tendría que ser intencional en cuanto a "estar presente" con su hija y cuidar de sí misma también.

Se puso en contacto con un grupo de viudas de su iglesia. Aunque la mayoría de las mujeres del grupo eran mucho mayores, la pudieron consolar y compartir con ella la sabiduría que habían aprendido en su viaje. Reconoció que necesitaba estar completamente presente con su hija mientras se tomaba tiempo para ella misma. Se dio cuenta de que necesitaba reajustar sus prioridades y dejar de trabajar tanto. La madre de Ángela quedó viuda seis meses después de que muriera Wayne, por lo que decidieron vivir juntas. Su madre también se integró al grupo de viudas, y finalmente se convirtió en la líder de su grupo.

La historia de Peach: "No estoy segura de cómo conectar con otras personas"

Hace poco fui invitada a dar una charla en un banquete para viudas en el norte de Alabama. Antes de que iniciara el evento, el pastor me presentó a una mujer sumamente tímida. Si bien Peach no llevaba mucho tiempo siendo viuda, me daba la impresión de que la vida realmente la había lastimado.

Después de mi charla, invité a las mujeres a considerar la posibilidad de acompañarnos en nuestro crucero anual para viudas.

Una amiga en el banquete habló con Peach acerca de la posibilidad de que fueran juntas al crucero. Cuando Peach dijo que no le alcanzaba el dinero, su amiga insistió, sugiriendo que podrían organizar algunas actividades para recaudar fondos.

El día en el que iba a partir el crucero, muchas de nosotras viajamos en caravana durante medio día para llegar al puerto. En el camino, observé a Peach. Se ofreció a ayudar cuando otras necesitaban ayuda. Además, empezó a platicar con algunas de las otras viudas. Con asombro, la vi cobrar vida de una manera que habría sido inimaginable unos meses atrás.

Este cambio continuó durante todo el crucero y culminó cuando compartió un poema que escribió para expresar al grupo su agradecimiento por lo que había vivido esa semana. Incluso accedió a mi petición de leerlo en nuestra última reunión a bordo.

Y la historia se pone aún mejor.

En los meses siguientes, Peach y su amiga del crucero comenzaron un ministerio de grupos pequeños para las viudas que vivían cerca de ellas. Hasta el día de hoy, Peach les sigue llamando y visitando para ver cómo están. Qué hermoso ejemplo de la transformación que puede ocurrir cuando las viudas se conectan con otras viudas.

La historia de Marlene: "¿Quién soy yo sin él?"

La mayoría de las parejas ni siquiera quiere pensar en la muerte de su pareja. Muchas veces he escuchado la frase "Planeamos morir juntos". Desafortunadamente, rara vez sucede así. El 80 por ciento de las veces, el marido es quien muere primero. No había pensado mucho en esto durante los 32 años de matrimonio con mi marido. Sin embargo, una cosa que siempre hacía era entregar a mi esposo y a mis dos hijos constantemente al Señor. Dios me había bendecido con ellos, pero entendí que seguían siendo de Él.

Eso fue de gran ayuda cuando el 1 de enero de 2011, el Señor comenzó a poner en mi corazón que se llevaría a mi marido a su hogar celestial, a pesar de que estaba sano. Al haber caminado con Dios más de cincuenta años, he llegado a confiar en mi Abba Padre a través de muchas tormentas difíciles. Me recordé a mí misma que mi marido, Wayne, no era mío. Le pertenecía a Dios. Entonces acepté las palabras del Espíritu Santo y decidí que, si Dios pensaba llevárselo pronto, yo me dedicaría a crear algunos recuerdos que podría recordar para siempre. En distintos momentos me detenía y tomaba una fotografía en mi mente, creando un recuerdo.

El 15 de enero de 2011, Wayne y yo salimos a Montgomery, Alabama, a una cita maravillosa que organizamos. Habíamos recibido dinero inesperado por correo y había algunos regalos que queríamos comprar. Cuando íbamos en el coche, me acerqué y tomé el pulgar de Wayne en mi mano. Me miró y preguntó: "¿Qué pasa?" Mientras miraba a mi amado esposo, respondí: "¡Nada, es sólo que te amo mucho!" Estaba creando un recuerdo. Luego oré en voz baja: "Señor, cuando decidas llevarlo a casa, por favor que sea rápido. No dejes que esto dure mucho tiempo".

Ocho horas más tarde llegamos a casa, cansados y agotados después de un largo día de compras. Decidimos tomar una siesta antes de cenar. Me acosté y me quedé dormida casi de inmediato. Cuando desperté, encontré a Wayne frente a la computadora. Mientras dormía, él había descargado todas las fotografías que nuestra familia había tomado el Día de Acción de Gracias y en las fiestas navideñas. Agarré una silla y disfrutamos todos los recuerdos de los últimos dos meses: la graduación de nuestra nuera, el Día de Acción de Gracias, Wayne y nuestros dos hijos, todos juntos andando en motocicletas, y las fotografías de nuestros momentos tan felices con la familia de Wayne en Navidad.

Luego salimos al patio trasero y, mientras hablábamos, Wayne comenzó a sentir algo extraño. Comenzó a respirar larga y profundamente con la esperanza de que eso ayudara. Le pregunté si debía llevarlo al hospital. Él sugirió que sería mejor primero sentarse unos minutos. Mientras él descansaba en los escalones traseros, entré para llamar al 911. Cuando regresé al porche, su cuerpo comenzaba a ponerse rígido, como un robot. Lo acosté y comencé a hacerle reanimación cardiopulmonar, pero noté que su cara se estaba poniendo morada. Pensé: *Te lo estás llevando a casa, Señor.*

Entonces, lo tomé en mis brazos y comencé a mecer su rígido cuerpo, orando: "Señor, confío en ti completamente. Mi vida es tuya. Mi futuro es tuyo. Confío plenamente en ti". Entonces, como una suave manta sobre mi cuerpo, la paz de Dios se posó sobre mí. Fue una paz que no puedo explicar. Era como dice la Biblia: "La paz de Dios, que sobrepasa todo entendimiento" (Filipenses 4:7).

La paz de Dios siguió descansando sobre mí, pero la dura realidad era que Wayne se había ido. Estaba sola. Un día era la esposa de un pastor. Al día siguiente, no tenía marido, ni iglesia, ni hogar, y la mitad de mis ingresos se habían ido.

Todas las emociones que inundan la mente de una viuda podrían llenar una biblioteca. Sus vidas cambian en un instante. Muchas mujeres atraviesan años de enfermedad con su cónyuge, sabiendo que algún día morirá. Aun así, cuando finalmente sucede, su mundo se pone de cabeza. No hay nadie allí para sentarse frente a ti en la mesa durante el desayuno. La cama se siente tan grande y te rompe el corazón saber que tu pareja ya no se acostará a tu lado.

Te queda descubrir quién eres sin tu marido. Me *encantaba* ser la esposa de un pastor. Es *quien* yo era. Considerando que ya no soy la esposa de un pastor, ¿quién soy? ¿Yo sola, por mí misma?

Hay nuevas historias por escribir, y necesitamos que nos ayudes a hacerlo

Estos son sólo algunos de los testimonios de las grandes cosas que hemos visto cuando las viudas se reúnen en pequeños grupos. Esta es la pasión que nos movió para escribir este libro.

Nuestro deseo es encender un fuego dentro de tu corazón para ministrar a estas mujeres tan preciadas. ¿Quieres hacer una diferencia?

Después de la muerte de mi esposo, fui a diferentes iglesias para preguntar si tenían un ministerio para las viudas. Todas dijeron que no. Tampoco pude encontrar ningún programa en línea que me ayudara. Y fue entonces cuando decidí comenzar Widows Link, para ayudar a las iglesias a iniciar un ministerio de grupos pequeños para viudas.

Con la amplia gama de decisiones que deben tomar las viudas, a veces es más fácil no afrontarlas. Muchas optan, como lo hizo Joann, por permanecer dentro de los confines de su hogar. Por eso creamos Widows Link: para ayudar a las viudas a salir de sus hogares y conectar con los demás. Queremos brindarles un sistema de apoyo para ayudarlas a superar los nuevos desafíos de esta naturaleza tan extraña.

Existe una tremenda necesidad en nuestro mundo de ayudar a las viudas. En Estados Unidos, una mujer queda viuda cada cuarenta y cinco segundos de cada día. Ayer, más de 1,900 mujeres estadounidenses emprendieron la oscura trayectoria de la viudez.

El Señor nos instruye a cuidar de las viudas y, al hacerlo, estamos mostrando lo que es la "religión genuina". Santiago 1:27 (NTV) dice: "La religión pura y verdadera a los ojos de Dios Padre consiste en ocuparse de los huérfanos y de las viudas en sus aflicciones". Escribimos este libro como una herramienta para ayudarte a lograrlo.

Le pedimos a Dios que haya conmovido tu corazón para ver la necesidad de este ministerio. Que este programa te ayude a conectar a las viudas de tu comunidad para que juntas puedan encontrar esperanza, propósito y el amor de Cristo mientras recorren, acompañadas, el camino de la viudez.

TOMAR CONCIENCIA DE LAS HISTORIAS NO CONTADAS

Testimonial: Pam Bolyard, líder del grupo de viudas en Lakeland, Florida

Tony y yo éramos pastores de niños en nuestra iglesia cuando respondimos al llamado a las misiones. Fuimos al extranjero, regresamos y tuvimos una pequeña transición con nuestros hijos. Luego, a Tony le diagnosticaron cáncer de colon en 2018. Era un cáncer agresivo, y después de su muerte, atravesé dos años de auténtico duelo, con todas las luchas y las preguntas de "¿dónde estoy?"

Dios me comenzó a ministrar cuando Tony murió en 2019. De hecho, dos semanas después de la muerte de Tony, escribí en mi diario: "Llevar el ministerio de las viudas al mundo".

Desafortunadamente, ya estaba descubriendo que no había nada en la iglesia diseñado para apoyar a las viudas y sus necesidades únicas. Cuando tienes un cónyuge, ambos se vuelven uno, y cuando pierdes a esa persona, de repente piensas: "¿Ahora quién soy?" Tener una buena amiga es genial, pero si no es viuda, descubrirás que hay necesidades importantes que no comparten.

Al principio tenía miedo de salir, y luego, cuando lo logré, me di cuenta de lo sola que estaba. Después de la iglesia, nadie me invitaba a salir a comer, así que comía sola. Fue una época difícil y solitaria. Conozco a otras viudas que sienten lo mismo; no quieren salir ni interactuar si no es con un grupo. Simplemente ya no tienes la confianza de antes. No te gusta hacer las cosas sola cuando siempre las has hecho con alguien, cuando siempre has tenido a esa persona contigo.

Luego, comencé a conocer a otras viudas y descubrí que ellas también estaban batallando. Cuando nos encontramos, nos animamos unas a otras y nos sentimos como hermanas debido a nuestras experiencias compartidas. Enfrentamos desafíos distintos a los de las mujeres casadas o solteras en la iglesia. Realmente nos necesitábamos unas a las otras.

Estaba leyendo en 1 Timoteo 5 acerca de cómo Dios quiere que la iglesia cuide de las viudas. Hay una provisión allí para la familia: si los miembros de la familia pueden cuidar de una viuda, eso es lo que recomienda el Apóstol Pablo. Sin embargo, hay muchas viudas que no tienen familia, no tienen familiares cercanos o no tienen una familia cristiana que entienda la Biblia y las necesidades de las viudas.

Es por eso que el apoyo a las viudas es un gran ministerio para la iglesia. Y, sin embargo, al hablar con iglesias durante los últimos meses, me doy cuenta de que muchas no parecen entender la importancia de esta función.

Quiero enseñar a los pastores y a sus esposas la importancia del ministerio para las viudas. Logré contactar a Marlene Craft, quien se sentó conmigo y me enseñó cómo comenzar un ministerio de grupos pequeños para viudas. Entonces, con la aprobación de mi pastor, comenzamos un ministerio para viudas en nuestra iglesia. Lo lanzamos con un banquete de otoño. Queríamos comunicarles a las viudas de nuestra iglesia que "Son importantes para nosotros. Nos vamos a tomar un tiempo para atendarlas, les daremos regalos, las reconoceremos y abrazaremos, les comunicaremos que son importantes para nosotros".

Luego, nos comenzamos a reunir una vez al mes de manera regular, y una vez al mes salimos a comer juntas. Ahora estamos intentando organizar salidas con base en algunas de las sugerencias de este mismo programa. Tenemos que pensar bien a dónde iremos para que todas puedan participar; a menudo vamos al museo a pasar el día o a algún sitio similar. Las mujeres estaban muy emocionadas mientras hablábamos de organizar excursiones cortas de un día. Hicimos un viaje a Sarasota para comer en un restaurante amish. Fue una experiencia maravillosa que nos unió. Pudimos platicar acerca de los momentos difíciles que estaban pasando, más que durante cualquier otro viaje que habíamos hecho en el pasado. Lo disfrutamos mucho.

Una viuda está algo confinada en su casa, no tiene a alguien que la invite a salir mucho de su hogar. Espera con ansias nuestras reuniones. Llega temprano para ayudar. Me pide que pase por ella para poder platicar y pasar más tiempo fuera de su hogar. Creo que eso la ha ayudado a ser parte del grupo.

He notado que algunas de las viudas han ganado más confianza en sí mismas desde que nos comenzamos a reunir. Se sienten más seguras porque ahora son parte de algo en nuestra iglesia; pertenecen a un grupo. Esto les da confianza y seguridad.

Cuando tienes a tu marido, él es como tu mejor amigo. Lo llamas, compartes tu día y otros detalles de tu vida, y si tu auto se avería, le puedes pedir ayuda. A medida que he ido conociendo a estas viudas, sé que puedo contar con ellas si necesito ayuda o si estoy teniendo un mal día. Hemos creado una cadena de oración para orar las unas por las otras y por nuestras familias. Nos enviamos mensajes de texto con nuestras peticiones de oración. Ha pasado un año desde que comenzamos esta actividad, y hemos crecido y podemos contar las unas con las otras.

La construcción de relaciones es el diseño de Dios: todos los elementos del reino se basan en las relaciones. Creo que una parte crucial del ministerio para viudas es poder ayudarlas a formar nuevas relaciones. De hecho, el mes que entra haremos nuestro evento de acercamiento a la comunidad para las viudas y los viudos que han perdido a su cónyuge. Nos entusiasma mucho este evento, y les dije que todas y todos están involucrados. Les he enseñado que parte de sanar consiste en acercarse a los demás. Traerán comida, vendrán a convivir e invitarán a la gente a participar. Les da un propósito de vida. Creo que ese es un factor importante, y en eso puede ayudarlas tener un ministerio de grupos pequeños para viudas.

Ahora es un placer para mí trabajar con Marlene Craft y formar parte del equipo de Widows Link; juntos, ayudamos a las iglesias a comenzar un ministerio para las viudas.

CAPITULO 2

LOS DESAFÍOS DE LA VIUDEZ

Analicemos más de cerca algunos de los problemas que enfrentan las viudas para que así podamos comprender mejor las necesidades que tendrás que abordar en un ministerio para viudas.

Comprender el dolor

Perder a tu cónyuge puede ser el acontecimiento más estresante de la vida. Cuando dos se convierten en uno, especialmente a lo largo de décadas, la separación final de tu pareja produce mucho dolor. En el matrimonio, como en la mayoría de las cosas en la vida, se forman rutinas y patrones. Así es la vida... hasta que un día tu mundo se pone de cabeza. Todo cambia en un instante. Él ya no está. Nadie duerme a tu lado. Ya no le prepararás el desayuno ni la cena. No hay nadie ahí cada noche para compartir los acontecimientos de tu día.

En la película *Shall We Dance,* la esposa le explica al detective la razón por la que la gente se casa. Ella dice: "Porque necesitamos un testigo de nuestra vida. En un mundo de millones de personas, el matrimonio dice: 'Tu vida no pasará desapercibida porque yo seré tu testigo'". Cuando fallece un cónyuge, la otra persona ya no tiene quien presencie su vida, con quien compartir cada día.

La mayoría de las personas casadas nunca se detienen a considerar cómo sería su vida como viuda o viudo. Si alguna vez nos vienen a la mente pensamientos sobre la muerte de nuestro cónyuge, tendemos a alejarlos. Esto es lamentable porque la muerte de un cónyuge es una realidad que afectará a casi todos los matrimonios.

Comprender la realidad de la viudez

Lo más probable es que uno de los cónyuges muera primero, y en el 80% de los casos es el hombre quien fallece primero. En promedio, 1,900 mujeres enviudan en los Estados Unidos cada día. Para poner esto en perspectiva, cada mañana que despiertas, 1,900 mujeres despiertan a una vida que ha cambiado para siempre porque su pareja y mejor amigo se ha ido para siempre. ¿Quién les extiende la mano a estas mujeres? ¿Quién las guiará a través de esta situación?

- La muerte de un cónyuge se considera el factor de estrés número uno en la vida de una persona.
- Hay más de 15,000,000 de viudas y viudos en los Estados Unidos. Más de 11,000,000 de esas personas son mujeres.
- Casi 700,000 mujeres pierden a sus maridos cada año, y seguirán viudas durante un promedio de 14% años.
- Más del 14% de las viudas mayores de 65 años tienen ingresos por debajo del umbral de la pobreza.
- El análisis de las estadísticas es un llamado de atención para que

la iglesia se tome el tiempo de prestar atención a nuestras comunidades. Descubriremos que hay viudas a nuestro alrededor, y no es un camino fácil al que se tendrían que adaptar solas. Las cifras no hacen más que aumentar a medida que la gente vive más tiempo.

Soledad

La familia, los amigos y la iglesia son maravillosos consuelos después de la muerte de un cónyuge. Sin embargo, al cabo de unas semanas, las visitas cesan, las llamadas telefónicas disminuyen y las tarjetas de condolencias dejan de llegar. Todo mundo sigue con sus vidas, pero la viuda todavía está de luto por la muerte de su compañero.

La soledad amenaza con abrumar a cada viuda mientras la rodea una tormenta de emociones, preguntas y miedos. Sus hijos no entienden por lo que está pasando. Perdieron a su padre, mientras que la viuda perdió a su pareja en la vida. Los amigos no están muy seguros de qué decir porque todavía tienen a su cónyuge. También puede parecer que esas amistades se van desvaneciendo lentamente. Incluso aquellos dentro de la iglesia batallan por saber qué decir. Para algunos, es más fácil simplemente darse la vuelta y no decir nada. Las viudas pierden a la gran mayoría de sus amigos después de que muere su cónyuge.

Muchas viudas se encuentran solas en casa todo el día sin nadie con quien platicar. Algunas todavía tienen trabajo o terminan necesitando encontrar un trabajo para mantenerse. Incluso si encuentran satisfacción en el trabajo, regresan a una casa vacía. Salir también puede resultar difícil para una viuda. Ya sea un restaurante o en el cine, ves parejas por todos lados.

Uno de los mayores desafíos para las viudas es acostarse por la noche. Algunas viudas no pueden dormir en su cama, por lo que buscan una cama diferente o intentan descansar en el sillón reclinable de su marido. Después de años de dormir junto a su mejor amigo, ahora cada noche es un recordatorio de lo que ya no tienen.

Hacer cosas sola

Otra nueva realidad que deben afrontar las viudas es ver el número de cosas de las cuales se encargaba su esposo. Ahora tienen que encargarse de estas tareas o encontrar cómo se pueden realizar. Por ejemplo, una casa siempre necesita reparaciones. Para muchas mujeres, sacar la basura por primera vez resulta complicado. "Esta tarea la hacía mi marido". El auto en sí mismo es todo un desafío. La mayoría de nosotras no sabemos lo suficiente sobre nuestros vehículos, desde cómo revisar los líquidos hasta cómo cambiar el aceite. Incluso, para algunas viudas, llenar el tanque de combustible representa un nuevo desafío. ¿En quién podemos confiar para que nos ayude con nuestro vehículo?

A la hora de tomar decisiones, siempre había habido dos personas involucradas. Ahora las viudas tienen que tomar decisiones solas. Solía ser muy útil escuchar a la otra parte. ¿No piensan mejor dos cabezas que una? ¿Dónde está ese equilibrio ahora? ¿Cómo puede una viuda confiar en sí misma? Su marido era su confidente. ¿En quién confiará sus decisiones financieras ahora que él se ha ido?

Sin un marido sentado al otro lado de la mesa para discutir estos desafíos de la vida, ¿a quién puede recurrir la viuda? Las viudas necesitan relaciones con personas con quienes se puedan identificar y comprender la amplia gama de desafíos que tienen por delante. Lo que toda viuda necesita es una comunidad de mujeres que ha recorrido el camino y que puedan estar allí para comprenderla y animarla. Necesitan una comunidad en la que puedan confiar. Aquellos que han recorrido un camino similar pueden proporcionar un ambiente seguro de sanación y restauración, además de un camino a través del denso bosque de la viudez. Estas conexiones pueden dar esperanza para el futuro.

Aquí está la viuda, enfrentando una realidad de vida completamente nueva, donde incluso las selfies son otro recordatorio de que está sola. Hay un vacío que muy pocos pueden comprender. Tiene un profundo anhelo de conexión dentro de una relación segura. Aquí es donde la iglesia de Dios debe intervenir y conectar a las viudas entre sí. Santiago 1:27 (NTV) nos dice que la "religión pura y verdadera" consiste en "ocuparse de los huérfanos y las viudas". Esta guía tiene como objetivo equipar a la iglesia para cumplir el mandato de Dios conectando a las viudas, ayudándolas a descubrir su diseño divino y capacitándolas para vivir el resto de sus vidas con propósito y pasión.

Veamos algunos de los versículos bíblicos que nos dan la perspectiva de Dios sobre las viudas y nuestras responsabilidades hacia ellas.

Lo que dice la Biblia acerca de las viudas

La Biblia nos dice claramente que nuestra responsabilidad es cuidar de las viudas. El fundamento de cualquier ministerio debe basarse en la Palabra de Dios. Hay más de 120 versículos en la Biblia que hablan de las viudas. A continuación, se muestran algunos de los versículos que se refieren a las viudas:

Santiago 1:27 (NTV) — *La religión pura y verdadera a los ojos de Dios Padre consiste en ocuparse de los huérfanos y de las viudas en sus aflicciones, y no dejar que el mundo te corrompa.*

Isaías 1:17 (NTV) — *Aprendan a hacer el bien. Busquen la justicia y ayuden a los oprimidos. Defiendan la causa de los huérfanos y luchen por los derechos de las viudas.*

Salmos 146:9 (NTV) — *El Señor protege a los extranjeros que viven entre nosotros. Cuida de los huérfanos y las viudas, pero frustra los planes de los perversos.*

Éxodo 22:22–24 (NVI) — *No explotes a las viudas ni a los huérfanos, porque, si tú y tu pueblo lo hacen y ellos me piden ayuda, yo te aseguro que atenderé a su clamor: arderá mi furor y los mataré a ustedes a filo de espada.*

Salmos 68:5 (NVI) — *Padre de huérfanos y defensor de viudas es Dios en su morada santa.*

Deuteronomio 14:28–29 (NVI) — *Cada tres años reunirás los diezmos de todos tus productos de ese año y los almacenarás en tus ciudades. Así los levitas que no tienen patrimonio alguno, los extranjeros, los huérfanos y las viudas que viven en tus ciudades podrán comer y quedar satisfechos. Entonces el Señor tu Dios bendecirá todo el trabajo de tus manos.*

Deuteronomio 10:18 (NVI) — *Él defiende la causa del huérfano y de la viuda.*

Deuteronomio 16:14 (NTV) — *Este festival será un tiempo de alegría y celebración con tus hijos e hijas, con tus siervos y siervas, con los levitas, con los extranjeros, y con los huérfanos y las viudas que vivan en tus* *ciudades.*

Deuteronomio 24:17 (NTV) — *Debes actuar con justicia con los huérfanos y con los extranjeros que vivan en tu tierra, y nunca aceptes la ropa de una viuda como garantía por su deuda.*

Isaías 10:1-2 (NTV) — *¡Qué aflicción les espera a los jueces injustos y a los que emiten leyes injustas! Privan a los pobres de la justicia y les niegan sus derechos a los necesitados de mi pueblo. Explotan a las viudas y se aprovechan de los huérfanos.*

Marcos 12:43–44 (NTV) — *Jesús llamó a sus discípulos y les dijo: "Les digo la verdad, esta viuda pobre ha dado más que todos los demás que ofrendan. Pues ellos dieron una mínima parte de lo que les sobraba, pero ella, con lo pobre que es, dio todo lo que tenía para vivir".*

(Lee también Hechos 6:1–7 y 1 Timoteo 5:3–16).

Testimonial: Jennifer Presley, esposa de pastor en Ozark, Alabama

Mi marido y yo llevamos 25 años en el ministerio, pastoreando durante los últimos 20 años. Como esposa de un pastor, podrías pensar que habría estado consciente de las necesidades de las viudas, pero en realidad no lo estaba. No fue hasta que mi abuela quedó viuda que comencé a ver la trayectoria de una viuda. Ella no asistía a mi iglesia, pero al platicar con ella, comencé a darme cuenta de sus necesidades. Mis ojos realmente se abrieron cuando Marlene Craft vino a nuestra iglesia para compartir sobre el ministerio para viudas. El Señor me recordó la experiencia de mi abuela. Comencé a pensar que realmente necesitamos empezar a mirar a quiénes tenemos en nuestra iglesia. Fue entonces que el Señor me despertó, al escuchar el corazón de Marlene y oír hablar del ministerio que podíamos tener con las viudas. Comencé a ver a todas las viudas de nuestra iglesia que necesitaban estar conectadas.

En el ministerio, he visto a muchas viudas aislarse. Muchas realmente quieren conectar con otras personas; sin embargo, sienten que deben mantenerse en guardia. Tendrían necesidades relacionadas con sus casas, reparaciones y ese tipo de cosas, que no contarían a nadie. También noté que nuestras viudas mayores no parecían conectar de ninguna manera con otras mujeres que no eran viudas. No asistían a nuestros eventos para mujeres, normalmente porque las reuniones eran de noche y muchas de ellas no querían conducir de noche.

Especialmente en la iglesia en la que estamos ahora, trato de ver a todas las mujeres que no son parte de ningún tipo de evento de mujeres y preguntarme: "Bien, veamos ¿por qué no se unen?" Noté que había un grupo grande de viudas mayores, así que empezamos por ahí. Sólo querían estar conectadas, entonces, ¿qué podíamos hacer para ayudarlas a hacerlo? Se sentían solas y, si necesitaban oración, no querían molestarme, pero me di cuenta de que querían alguien con quien platicar. Comenzamos a tratar de descubrir cómo podíamos conectar a estas mujeres con otras de nuestra iglesia, incluso durante el día, de manera que no tuvieran que viajar de noche.

Muchas de estas viudas forman parte de la iglesia desde hace mucho tiempo. Las viudas parecen cerrarse; no quieren molestar a nadie. A algunas les resulta difícil volver a la iglesia. Muchos de sus recuerdos con sus maridos están asociados con estar en la iglesia. Actualmente veo algunas viudas que se sienten abrumadas por las emociones y no quieren expresar eso delante de todos, por lo que se mantienen alejadas de las reuniones de la iglesia y los eventos sociales. Tratamos de animarlas al decirles "Te seguimos necesitando aquí, formas parte de esta iglesia. Te amamos y te extrañamos cuando no estás aquí. Haremos lo que podamos para ayudarte".

Puede ser difícil entender por lo que están pasando, porque yo no lo he experimentado. Intento ser sensible en cuanto al punto en el que se encuentran en su viaje. He descubierto que si comienzo una conversación sobre lo que traen puesto o algo casual para hacerles saber que estoy interesada en lo que tienen que decir, se sentarán y hablarán. Confío en el Espíritu Santo para que me ayude a hacer buenas preguntas y hacerles saber que me importan. Muchas quieren hablar de sus cónyuges, y me encanta escucharlas.

Descubrí que muchas personas tienden a alejarse de las viudas porque no saben qué decir. Yo solía ser así. No quería decir algo que las hiciera llorar. Sin embargo, durante el último año y medio, mientras pasé tiempo con estas mujeres, descubrí que muchas de ellas sólo quieren hablar. Se quieren sentir amadas. Abre la conversación y permite que te cuenten lo que quieren expresar. A veces, nos reímos juntas. ¡En realidad, nos reímos mucho! A veces, lloramos juntas. Puede que estemos en un restaurante, pero está bien. Simplemente nos sentamos, nos amamos unas a las otras y nos permitimos platicar de todo lo que queramos.

Desde que implementamos el programa Widows Link en nuestra iglesia, ha sido maravilloso ver a las mujeres en sus reuniones. Las veo platicar y convivir. Pueden sentirse identificadas entre ellas, evocar y compartir sus recuerdos con su grupo. Puedo decir que realmente les ayuda; las sonrisas en sus rostros lo dicen todo.

A veces nos reunimos en un restaurante local, y las viudas se sientan a comer juntas. Incluso nos llegan a acompañar otras viudas de la comunidad. Ha sido maravilloso verlo, porque nuestras viudas invitan a sus amigas, quienes también son viudas. Algunas viudas vienen a las reuniones, pero no asisten a la iglesia.

En la iglesia a la que antes asistía, comenzamos con un banquete para viudas como lo sugiere el programa, y luego iniciamos nuestro ministerio para viudas con grupos pequeños. Cuando nos mudamos a nuestra nueva iglesia, un día, mientras desempacaba y me instalaba en mi oficina, encontré la carpeta del ministerio para viudas. Le pregunté al Señor si quería que lo comenzara en nuestra nueva iglesia, pidiendo que me lo confirmara. Al cabo de dos días, una viuda me vino a ver y me dijo: "Siento que el Señor puso en mi corazón comenzar un ministerio para las viudas". ¡Esa fue mi confirmación! Empezamos a almorzar juntas cada dos miércoles. Cinco meses después, celebramos nuestro primer banquete, que ahora se ha convertido en un evento anual.

Como pastoras, oramos, hablamos y aconsejamos a mucha gente. Tener un ministerio para viudas les brinda la oportunidad de conversar con otras viudas y llamarse por teléfono durante la semana. Algunas de las viudas ahora se reúnen en grupos para jugar dominó y Scrabble.

Casi cada vez que nos encontramos, escucho a una viuda hablar de lo sola que se siente. También escucho: "No tengo quien me venga a visitar; nadie me llama. Mis amigos del pasado siguen siendo mis amigos y nos vemos, pero ya no tengo la misma conexión con ellos". Por eso, reunirse regularmente como viudas ha contribuido a satisfacer su necesidad de contar con relaciones cercanas.

Yo sugeriría a la gente de la iglesia que se tome el tiempo para conectar con las viudas de su iglesia. Son como cofres de tesoro llenas de sabiduría. Tienen dones que el Señor les dio, así que ayudémoslas a encontrar cómo utilizarlos. Muchas veces, basta con pedirles que nos ayuden a hacer algo que parece ser insignificante. Permite que las hagan, especialmente si tienes tareas que puedan hacer sentadas (si son mayores). Por ejemplo, muchas de nuestras viudas vienen a envolver regalos para adolescentes en Navidad. Sólo dales la oportunidad de servir, sin importar cuán pequeña e insignificante creas que sea la tarea. Permíteles ser parte del servicio a otros, ya que esto les ayudará a seguir conectadas con la iglesia y la congregación.

Proverbios 17:22 (NVI) dice: "El corazón alegre es un buen remedio, pero el ánimo decaído seca los huesos". Queremos amar a nuestras viudas. El hecho de que sus cónyuges hayan muerto no significa que no tienen valor. Queremos hacer todo lo que podamos para seguir amándolas y que se sientan como una parte valiosa del cuerpo de Cristo.

Muchas viudas se sienten olvidadas. Mi objetivo, con la ayuda de Dios, es amarlas, pero primero darles un lugar para platicar, reír y llorar.

CAPÍTULO 3

LA APROBACIÓN DEL PERMISO PARA INICIAR UN MINISTERIO PARA VIUDAS

Después de mucha oración y lectura de este programa, una de las primeras cosas que querrás hacer es agendar una cita para platicar con tu pastor o la persona que supervisa los ministerios en tu iglesia, como el líder de los grupos pequeños o el ministerio para mujeres o personas mayores.

Querrás compartir por qué existe ese deseo en tu corazón de comenzar un ministerio para viudas. En el caso de algunas, tal vez fue el pastor quien se les acercó para proponer que inicien un ministerio para viudas. Si tu pastor no conoce este programa, compártele tus ideas de cómo te gustaría comenzar y los planes que tienes para el futuro. Contar con el apoyo de quienes tienen autoridad es muy importante para asegurar el éxito del ministerio.

Ten una fecha en mente de cuándo te gustaría comenzar. Comunícate con la persona indicada para ver si la fecha que propones es adecuada, tomando en cuenta los otros eventos de la iglesia. Si planean reunirse en la iglesia, querrás confirmar la disponibilidad de las instalaciones, la sala o el espacio que deseas utilizar en la fecha que tienes en mente.

Ya sea que estés comenzando con un banquete o con reuniones regulares, comparte con el pastor los planes que tienes para los primeros meses. Con demasiada frecuencia la iglesia ha visto comenzar ministerios o grupos, sólo para ver cómo fracasan poco tiempo después. Así que piensa en el futuro, y comparte tus planes con el pastor. Querrás obtener su aprobación y bendición para este ministerio.

Es probable que estés pensando en el costo de iniciar este proyecto. No es imprescindible el dinero para iniciar un ministerio para viudas. Muchos grupos han descubierto que una vez que comienzan el ministerio, la iglesia entiende la importancia del mismo y lo incluye en su presupuesto anual. Si tu iglesia puede presupuestar algo de dinero para ayudar al ministerio, puede apoyar con gastos como el envío de materiales por correo, refrigerios, obsequios y posiblemente el cuidado de los niños de las participantes, entre otros.

Si planeas comenzar el ministerio con un banquete, acércate a la iglesia para solicitar su apoyo con el costo de los alimentos. Existen otras opciones si la iglesia no puede proporcionar esos fondos. Las encontrarás en la guía para banquetes.

Algunos grupos de viudas comenzaron sin ayuda financiera y, a medida que el ministerio creció, la iglesia lo agregó a su presupuesto. Les pedimos a Dios que la iglesia vea la necesidad de responder a Su llamado de cuidar de las viudas y se integre para ayudar en todo lo que pueda.

Es posible que tu iglesia te pregunte cuánto dinero se requerirá anualmente. A continuación, presentamos un par de ideas sobre una propuesta de presupuesto.

1. Si hay 20 viudas en tu grupo, considera una propuesta de presupuesto anual de USD 50 por viuda. Este sería un presupuesto anual de USD 1,000. Lo podrías ampliar o reducir con base en la situación financiera de la iglesia.

2. Puedes utilizar este mismo presupuesto anual de USD 1,000 para dividirlo en categorías:

Tarjetas y estampillas	USD 100.00
Flores	USD 100.00
Banquete	USD 400.00
Regalos	USD 300.00
Transporte para eventos	USD 100.00

También es posible que desees considerar una partida presupuestaria para un fondo de emergencia que podrán ejercer a discreción.

Algunas iglesias aceptan una ofrenda de un dólar por trimestre, específicamente para el presupuesto del ministerio a las viudas. Recuerda que la falta de finanzas no te debe disuadir de ministrar a las viudas. Dios proveerá a medida que des un paso de fe para acercarte a estas mujeres tan valiosas.

Testimonial: Liz Whisenant, iglesia U3B Church en Gadsden, Alabama

Mi marido y yo asistimos a la iglesia U3B Church en Gadsden, Alabama. Cuando el Señor puso por primera vez en mi corazón el deseo de ministrar a las viudas, pensé que era extraño, ya que yo no era viuda. Al principio dije: "No, no, no", pero mientras seguía orando al respecto, finalmente le dije al Señor: "Bueno, si Tú quieres que lo haga, lo haré".

Busqué en Internet alguna orientación sobre cómo crear un ministerio para viudas. Luego encontré el sitio web Widows Link y, al revisarlo, descubrí dos videos en los que Marlene Craft explica cómo comenzar un ministerio para viudas. Así que busqué a mi pastor y le compartí lo que Dios me había dicho que hiciera. También le comenté que, al mirar los videos, había aprendido cómo iniciar un ministerio para viudas. Mi pastor revisó el sitio web y los videos, y me llamó. Me dijo: "Si Dios te dijo que lo hicieras, debes comenzar".

Cuando me comuniqué con Marlene, ella me envió los dos capítulos del programa que acompañaban los videos. Sentí que ahora todo estaba dispuesto en esas páginas para poner mis ideas en orden. Pensé que nuestra iglesia tenía cerca de cuatro viudas, pero cuando comencé a planear el evento inaugural, ¡me sorprendió descubrir que había 12 viudas en nuestra iglesia! Me dio tanta alegría saber que Dios me estaba usando para ministrar a estas mujeres al conectarlas entre sí.

Cuando comencé a planear el banquete, me aseguré de mantener al pastor informado de lo que estaban haciendo. La gente de la iglesia descubrió lo que estaba planeando y, cuando menos lo esperaba, se habían acercado 10 personas para ayudar a organizar el evento. Muchas donaron dinero para el proyecto, y pudimos comprar varias cosas, como fundas para las sillas, manteles y una vajilla nueva. Querían que todo fuera nuevo para transmitir a esas mujeres que eran importantes.

El día del evento inaugural no hubo ni un contratiempo. Las viudas la pasaron muy bien mientras disfrutaban de los juegos y escuchaban a un orador, pero, sobre todo, observé cómo hablaban y compartían entre sí.

Después del evento inaugural, comencé a organizar reuniones mensuales. Ahora, cuando nuestro grupo va a algún lugar, la iglesia paga la gasolina. En la próxima reunión de negocios de la iglesia, todo se volverá oficial, y el grupo de viudas se considerará un ministerio oficial de la iglesia y se incluirá en el presupuesto anual de la iglesia.

Hoy por hoy, la U3B Church es la única iglesia en la comunidad que tiene un ministerio para viudas. Como es una ciudad más pequeña, la referencia de boca en boca ayudó a difundir la noticia sobre lo que he estado haciendo. Otra iglesia ya me buscó para comenzar un ministerio para las viudas de su región. Mi deseo es que a medida que otras iglesias comiencen ministerios para viudas, todas nos podamos unir para organizar eventos más grandes.

Quería compartir una historia que es muy especial para mí...

Tenemos una mujer en el grupo que es muy tímida. En realidad, yo ni siquiera sabía que era viuda. Fuimos de viaje al hogar de niños y, si bien estuvo por no ir, finalmente nos acompañó. De camino a la casa de los niños, las mujeres se reían y hablaban de diferentes cosas: zapatos, ropa, etc.

Sin embargo, de regreso a casa, todo fue totalmente diferente, ya que habían pasado un par de días juntas. Había un ambiente distinto. Estaban compartiendo cosas de las que normalmente no hablarían. Pasar ese tiempo juntas les ayudó a conectarse de una manera especial.

Nadie se quiere estar quejando todo el tiempo, pero a veces necesitas hablar de tu dolor y las heridas de tu alma. No se trata sólo de sonreír y estar feliz todo el tiempo. Pude ver cuánto se necesitaban estas mujeres en verdad. Lo único que había hecho falta era que yo dijera "Señor, lo haré".

CAPÍTULO 4

LA PLANEACIÓN DEL EVENTO OFICIAL DE LANZAMIENTO

Una de las mejores formas de presentar tu nuevo ministerio es honrando primero a las viudas de tu iglesia y comunidad. Puedes hacerlo organizando un evento inaugural, como un banquete, una comida o incluso una reunión para tomar té. Esto te ayudará a conectar con las viudas locales.

También te brindará una vía para invitar a viudas de tu iglesia, de las iglesias aledañas y de la comunidad en general. Muchas veces no hay muchas viudas dentro de una iglesia, por lo que no se les presta atención. Esta es una oportunidad maravillosa para reunir a la familia de Dios al acercarte a tu comunidad. Después del banquete puedes comenzar a organizar las reuniones regulares.

Algunas iglesias optan por seguir celebrando un banquete anual. Es una gran oportunidad para traer nuevas viudas de las zonas aledañas.

Si tu iglesia no puede comenzar con una comida o banquete, no pasa nada. El siguiente capítulo que explica cómo comenzar tus reuniones. Cuando sea el momento adecuado, podrás organizar un banquete especial para honrar a las viudas.

Ahora, comencemos a planear el evento inaugural. La información de las siguientes páginas incluye muchas ideas que te servirán. Elige las que funcionen mejor para tu comunidad. Siempre puedes agregar más cada año.

Primero, decide si organizarás un banquete, una comida o una simple reunión para tomar té. Un banquete es donde se sirve a las mujeres. Muchas veces se organiza una comida donde las viudas hacen fila para servirse sus alimentos. Una reunión para tomar té sólo involucra bebidas con galletas o pastelitos de hojaldre. Puedes adaptar tu evento a lo que sea más adecuado para tu iglesia o comunidad.

A continuación, se presentan varias ideas que te ayudarán a planear tu evento inaugural. Las ideas se presentan en un esquema simplificado que puedes utilizar como lista de comprobación.

ANTES DEL EVENTO INAUGURAL OFICIAL

1. Escoge la ubicación.
2. Elige posibles fechas y horarios para el evento:
   A. Piensa en varias fechas en caso de que tu primera opción no esté disponible.
   B. Ten en cuenta que muchas viudas prefieren no manejar de noche.
3. Alimentos:
   A. Menú
   B. Quién cocinará
      1) Si la iglesia cubrirá el costo de los alimentos.
      2) Si las mujeres de la iglesia prepararán los alimentos.
      3) Congregantes que llevarán platillos para compartir con los demás.

C. Costo

4. Decide si invitarás a alguien que dé una plática o cante y si tendrás un programa y juegos:

   A. Costo/alojamiento/transporte

   B. Sistema de sonido/podio

5. Decoraciones:

   A. Temática

   B. Vajilla

   C. Tarjetas de mesa con los nombres de cada invitada. ¡Esto es de suma importancia!

   Cuando las invitadas confirmen su asistencia, podrás preparar las tarjetas con sus nombres con antelación.

6. Publicidad:

   A. Folletos

      1) Es bueno decir en el folleto que el evento se está organizando para honrar a las viudas.

      2) Incluye los datos del lugar, la fecha y hora, solicitando que confirmen su asistencia con su número de teléfono.

      3) Vestimenta (casual y es todo incluido).

      4) Proporciona un número de contacto.

      5) Considera la posibilidad de ofrecer transporte si alguien lo necesita.

      6) Sugiero que organices este primer evento sólo para mujeres.

         Invitar a viudos puede agregar un toque de tensión al mismo. Quieres que las viudas se relajen y disfruten.

      7) Puedes crear un formulario de registro para que las invitadas lo llenen en línea, aunque es importante recordar que muchas viudas mayores no son expertas

en tecnología.

B. Distribuye los folletos en distintos lugares como los siguientes:

1) Centros para personas mayores

2) Casas de retiro para personas mayores

3) Otras iglesias

4) El YMCA

5) Supermercados o tiendas de abarrotes

6) Farmacias y consultorios médicos

C. Redes sociales: si necesitas ayuda, pide a alguien de la iglesia que te ayude.

D. Comunicados en periódicos, estaciones de radio, revistas para personas mayores.

E. Busca a tu periódico local. Es probable que las puedan acompañar para tomar fotografías para un artículo.

F. Invitaciones personales

G. Pide que las viudas se registren por teléfono, correo electrónico o en el sitio web de tu iglesia.

7. Voluntarios. ¡Involucra a la iglesia!
Esta actividad permite que los cristianos tengan una oportunidad para obedecer lo que dice Santiago 1:27.

A. ¡Lleva a varias anfitrionas que reciban a las invitadas! Estas son personas a las que les encanta abrazar y amar a las personas e informarles cómo llegar al evento, la ubicación de los baños y otros detalles. Siempre es útil contar con alguien que les abra la puerta. Instalar una alfombra roja en el pasillo para cuando entren las hará sentir especiales.

A. Meseros: pueden ser diáconos, ancianos, jóvenes, matrimonios, scouts, etc.

B. Servicio de valet parking: considera la posibilidad de ofrecer este servicio.

C. Equipo de instalación

D. Fotógrafo

E. Persona encargada del sonido

F. Equipo de limpieza

G. Siempre es bueno considerar la posibilidad de alimentar a los voluntarios, ya sea con los mismos alimentos que servirán en el banquete o pizzas.

8. Detalles que se entregan en la puerta y/u obsequios y flores en la mesa:

A. Este aspecto es muy importante porque las viudas extrañan recibir los regalos y las flores que recibían de sus maridos.

B. Puedes recolectar estos detalles entre tu comunidad. Las iglesias han descubierto que a las empresas les encanta la idea de ayudar a las viudas.

C. Los obsequios en la mesa pueden ser cualquier cosa, ya sean obsequios caseros o un pequeño detalle que compres en una tienda. Siempre es mejor regalar detalles nuevos y no artículos usados.

D. Las flores siempre son un buen detalle. Pueden usarse como centros de mesa e incluso enviarse a casa con las viudas como premios u obsequios.

9. Haz una lista del orden del servicio o banquete.
Contar con un programa escrito para ti y los voluntarios asegurará el orden del programa.

Recuerda que no todos los banquetes serán iguales. Debes organizar el banquete de manera que se adapte a tu iglesia y comunidad. El trabajo en equipo asegurará el cumplimiento del mandato divino de cuidar a las viudas. Tu principal propósito es unir a las viudas, honrarlas, animarlas y amarlas en Cristo.

DURANTE EL EVENTO INAUGURAL OFICIAL

1. Recopila datos clave de las viudas.

   A. En el capítulo 7, "Recursos del programa Widows Link", encontrarás dos versiones de la "hoja de datos de viudas". A continuación, te explicamos cómo utilizarlas:

      1) Puedes utilizar el formulario llamado "hoja de datos de viudas A" si no has establecido un horario definido para tus reuniones periódicas. Las respuestas de las mujeres a las preguntas 1 y 2 de esta hoja te darán información acerca del mejor momento para organizar estos eventos.

      2) Puedes utilizar el formulario llamado "hoja de datos de viudas B" (dos por hoja) si ya fijaste el día y la hora para las reuniones regulares de los grupos pequeños de viudas. Estas hojas también se pueden utilizar cuando tengan visitas en las reuniones habituales. Facilitarás tu labor de seguimiento con las viudas al obtener la información de las visitantes.

   B. Algunas iglesias piden que las viudas escriban sus direcciones en un sobre para poder enviarles una invitación al banquete del próximo año. Esto sería además de obtener sus hojas de datos.

2. Organiza uno o dos juegos, o dinámicas para romper el hielo, para que las mujeres platiquen entre sí. Esto siempre ayuda a crear un ambiente divertido y relajante. Otra opción es incluir "sugerencias para iniciar una conversación" escritos en tarjetas sobre la mesa. En el Capítulo 7 encontrarás una lista de sugerencias para iniciar una conversación.

3. Conferencista:

    A. Comediante

    B. Viuda con un testimonio especial y edificante

    C. Viudas que comparten historias o dichos divertidos.

    D. Banda musical

    Una iglesia tenía una banda que invitó a las mujeres a bailar mientras tocaban canciones del recuerdo (oldies).

4. Regalos/Flores (siéntete libre de elegir una o más de estas ideas):

    A. Regala una flor real o artificial a cada viuda.

    Una iglesia regaló rosas artificiales con esta cita escrita en una hojita adjunta: "El amor del Señor nunca se desvanecerá".

    B. Un pequeño obsequio, como una placa alentadora, una vela, un jabón de manos perfumado u hojas y sobres para escribir cartas.

    C. Los premios que se dan en la entrada a las reuniones son muy divertidos.

    Es muy fácil utilizar boletos. Lo puedes encontrar en Dollar Tree y Walmart.

    D. Los dulces, especialmente el chocolate, siempre son una delicia.

Involucra a un grupo de tu iglesia para embolsar los dulces de forma decorativa.

   E. Asegúrate de que cada viuda regrese a casa con algún tipo de regalo (si decides sólo reglar algunos premios más grandes, asegúrate de que todas tengan algo especial para llevarse a casa).

5. Detalles sobre la mesa (que se pueden llevar como un recordatorio):

   A. Hoja de datos de viudas

   B. Plumas

   C. Hojas para juegos

   D. Un anuncio de la próxima reunión

Si logras planear la primera reunión regular para un grupo pequeño de viudas, imprime un aviso que les sirva de recordatorio y que puedan pegar en la puerta de su refrigerador.

6. Fotos:

   A. Puedes arreglar una "zona de fotos" con un lindo fondo. ¿Qué tal si invitas a un voluntario para que trabaje en el fotomatón y que tome fotos a tus invitadas?

   B. Una iglesia puso a un fotógrafo que tomó fotografías individuales de las viudas conforme iban llegando para luego revelarlas y entregárselas al final del banquete.

   C. Las viudas no suelen pensar en tener una foto bonita de sí mismas.

7. Hora/Duración del evento:

Mantén la duración del evento entre una y dos horas.

8. Salida/Fin del evento:

   A. Mientras las viudas se van, abrázalas nuevamente y

agradéceles por venir. Esto es parte de mostrarles el amor de Cristo.

B. No dejes de recoger todas las hojas de datos que dejen las viudas sobre las mesas. Esta información te ayudará a planificar futuras reuniones para las viudas.

DESPUÉS DEL EVENTO INAUGURAL

Dentro de la semana siguiente al evento inaugural, envía una nota de agradecimiento a los miembros del equipo que te apoyaron ayudaron con el mismo. No hacemos este ministerio solos, por lo que es importante tener siempre un corazón agradecido. Además, cuando necesites ayuda en el futuro, te resultará más fácil conseguir que esas mismas personas te echen una mano.

A continuación, encontrarás algunas sugerencias sobre cómo utilizar las hojas de datos de viudas:

1. Consigue una carpeta para guardar todas las hojas juntas.
2. Si aún no has decidido la hora y la fecha de las reuniones de tu grupo pequeño, revisa la hoja de datos de viudas A. Las respuestas a las preguntas 1 y 2 te ayudarán a decidir un buen momento para reunirse, así como la frecuencia.

    Habla con el pastor o la persona de autoridad en tu iglesia sobre la fecha que fijarás para la primera reunión del grupo pequeño. Prepárate con una primera y una segunda opción para los horarios de reunión cuando hables con este líder para obtener su aprobación.

    Otra opción es platicar con las integrantes de tu primer grupo pequeño, para ver si la mayoría está de acuerdo o no con el horario elegido. Por lo general, aquellas que asistan a tu primera reunión serán las que asistirán regularmente.

3. Utiliza las respuestas a las preguntas 3 y 4 para hacer una lista de ideas sobre cosas que pueden hacer y los lugares a los que pueden ir. Guarda esa lista al frente de tu carpeta para referencia futura.

4. Mira la pregunta 5 para determinar si existe alguna necesidad inmediata que se deba de abordar.

    A. Puedes hablar con tu pastor o persona de autoridad para obtener ayuda y orientación para satisfacer estas necesidades.

    B. Algunas iglesias tienen una persona de contacto a quien las viudas pueden contactar si tienen alguna necesidad en casa.

5. Otras sugerencias para utilizar las hojas de datos de viudas:

    A. Puedes escribir notas de agradecimiento a las viudas que asistieron al evento e informarles de la próxima reunión.

    B. Te ayudará mucho poner toda la información de las viudas en una hoja de cálculo si tienes quién te apoye con este paso. Para algunas personas, el papel funciona mejor que una hoja de cálculo.

    C. Consigue un calendario y anota en él todas las fechas importantes de las hojas de datos de viudas. Esto te ayudará a ti o a alguien de tu grupo a enviar tarjetas de cumpleaños y notas de ánimo y aliento.

Una última sugerencia después del evento inaugural sería que los miembros de tu equipo hagan una evaluación del mismo. Entrega el "Formulario de evaluación del evento inaugural oficial" que encontrarás en el capítulo 7, "Recursos", a cada miembro de tu equipo y pídeles que lo llenen el mismo día o dentro de los próximos días después del evento. Luego, en grupo, revísenlos y vean cómo pueden mejorar los banquetes que organicen en el futuro.

Testimonial: Pastor Bill Bryan, iglesia The Bridge Church, Cusseta, Alabama

Nuestra iglesia está en una comunidad rural en medio de pastos para ganado con una ciudad universitaria a unos 50 kilómetros de distancia. En 2015, tuvimos un número inusual de muertes que dejó a muchas mujeres viudas. Cuando analicé a los miembros de la iglesia, noté que había más viudas de las que pensábamos. Nuestra iglesia enfrentó el desafío que presenta el versículo de Santiago acerca de cómo la religión pura o la relación real con el Padre Dios es cuidar de las viudas y los huérfanos. Y aunque era un mandato, parecía que no muchas iglesias estaban haciendo mucho para seguir ese mandato, y nuestra iglesia tampoco estaba haciendo mucho para ayudar a las viudas. Luego descubrimos que Marlene Craft se había convertido en la primera misionera para viudas en su denominación, por lo que la contactamos.

Marlene se reunió conmigo y me compartió un esquema de cómo comenzar un ministerio para viudas. Sugirió que comenzáramos con un banquete de viudas, invitando a las de la comunidad y alimentándolas, amándolas y haciéndoles saber que Cristo también las ama.

Tomamos su esquema, formamos un equipo y comenzamos a repasar la lista. Al estar en una comunidad rural, rodeada por otros tres pueblos, se nos ocurrieron ideas que servirían mejor a nuestras viudas. A la iglesia le gustó mucho la idea cuando compartí la visión.

Fue lo más fácil que hemos hecho en los 30 años de servicio en esta iglesia.

Con todo el entusiasmo por el evento inaugural, todos los departamentos se involucraron. Los niños repartieron flores, los adolescentes acompañaron a las mujeres cuando llegaron para llevarlas al interior, los hombres de la iglesia proporcionaron servicio de valet parking y las mujeres ayudaron a hacer la comida y atender a las invitadas. Seguimos organizando banquetes anuales y es muy probable que sea el evento más divertido que realizamos cada año. Me gustaría que otros pastores supieran que, si le dan a su gente una oportunidad, este evento será uno de los mejores eventos del año.

Hemos aprendido que una de las partes más importantes es hacer toda la publicidad posible, además de asegurar que el evento se recomiende de boca a boca. Nuestra iglesia hizo mucha publicidad en Facebook y descubrió que la mayoría de los periódicos anunciarían un evento así de forma gratuita. Ahora, después de siete años de realizar estos banquetes anuales, enviamos 60 cartas a todas las iglesias aledañas invitando a sus viudas al evento. Es un evento regional. Les aseguramos que esto no es una cosa de proselitismo.

Mantenemos una lista de todas las asistentes, y luego enviamos invitaciones el año siguiente, invitándolas a regresar. También intentamos llamar a cada mujer una semana antes del banquete. Siento que la emoción comienza con la invitación, y recibir más tarde una llamada telefónica personal incrementa el sentido de anticipación. Cuando llegan las viudas, pueden sentir el amor. Los voluntarios han visto que cambia la disposición de las viudas cuando entran al banquete. Para muchas viudas que tal vez no tengan familia cerca o que no tengan hijos, este es un día de esperanza. Hemos visto a algunas llegar tristes y marcharse con el ánimo por los cielos. El lema de la iglesia para ese día es "Trátenlas como las reinas que son".

Después de nuestro primer banquete, al ver la alegría, la risa y la paz en los rostros de esas viudas, nosotros, como iglesia, decidimos que esto se convertiría en un evento anual. Elegimos hacer sus banquetes alrededor del día de San Valentín porque es uno de los días más difíciles del año para las viudas. Nuestra iglesia también aprovechó el primer banquete para compartir con todas las viudas que estábamos iniciando una reunión mensual para ellas. Compartimos las fechas de las reuniones de los próximos dos meses y les entregamos un folleto de recordatorio.

Aquí en la zona ganadera, en los últimos ocho años hemos pasado de las 30 que tuvimos el primer año a más de 80 viudas procedentes de toda la región. El año pasado, en medio del tiempo de oración final, un par de viudas pidieron a Jesús que entrara en sus corazones. Los banquetes ofrecen una oportunidad para que nuestra iglesia ame a las viudas como Dios manda, y también es un momento en el que el Señor puede tocar sus corazones.

Lo que más disfruto es el cambio de un ceño fruncido a una sonrisa en alguien que entró tal vez un poco reacia. Y, de repente, se abre, canta, ríe, conoce gente, disfruta de la comida.

A lo largo de los años en los que hemos estado celebrando estos banquetes, no conozco a una sola viuda que haya salido igual que como entró al banquete. Así que creo que ese es probablemente el mejor testimonio que puedes tener: todo el mundo se ve afectado por lo que estás haciendo ese día. Quiero decir, tantos domingos van y vienen, y no todos ven muchos cambios, pero organizamos un banquete o una reunión de viudas, y creo que hay bastantes cambios cada vez que se reúnen.

Para quienes están pensando iniciar un ministerio para viudas, consideren esto: si no nos estamos acercando a ellas, tendríamos que preguntarnos, ¿realmente queremos obedecer el mandato de Dios de hacerlo? Así que, debemos tener o desarrollar ese corazón.

Algo que pido casi todos los días es que Dios me ayude a ver a las personas como Él las ve, y sabemos que Él tiene un lugar especial en sus ojos para las viudas. Definitivamente es un esposo para quienes no tienen esposos.

Mi mayor consejo es simplemente comenzar con algo. Incluso si sólo hay tres viudas en tu grupo, llévalas a cenar con tu cónyuge, o llévalas tú mismo.

Cada vez que haces algo nuevo, existe el miedo al fracaso, pero no hay fracaso cuando te acercas a las viudas en cualquier circunstancia y de cualquier manera.

Así que sólo empieza con algo. Incluso si no tienes el dinero para hacerlo, comienza con una comida entre tú y las viudas, y luego invítalas a que traigan a una amiga una vez al mes. Si sólo te estás acercando a dos de ellas, estás obedeciendo lo que Dios te dice que hagas, y esa es la parte más importante.

CAPÍTULO 5

EL
INICIO DE LAS REUNIONES EN GRUPOS PEQUEÑOS

Todas y todos podemos liderar un ministerio para viudas. No es necesario ser viuda o viudo. He visto maravillosos ministerios para viudas que han sido dirigidos por parejas e incluso por solteros. Lo importante es que tengas un corazón para ellas. Dios nos ha llamado a ser un cuerpo que trabaja en conjunto, así que pídele que te traiga a otras personas para trabajar contigo en este ministerio.

SI DECIDES NO ARRANCAR CON UN EVENTO INAUGURAL

Para quienes deciden no comenzar con un evento inaugural, pueden pedirles a las viudas que llenen la hoja de datos de viudas A antes de su primera reunión para que puedan utilizar sus respuestas para planear las primeras reuniones. También existe la opción de que la llenen en la primera reunión y luego decidan los detalles de las reuniones que organizarán en el futuro con base en sus respuestas.

USO DE LAS HOJAS DE DATOS DE VIUDAS

Establece una hora en la que el equipo se pueda reunir para revisar las hojas de datos de viudas. Con los datos de las hojas podrás decidir lo siguiente:

- ¿Con qué frecuencia se reunirá tu grupo?
- ¿Qué día de la semana se reunirá tu grupo?
- ¿Cuál es la mejor hora para que se reúna tu grupo?

Cada iglesia y comunidad es diferente. La frecuencia con la que se reúnan depende de ti. La visión de Widows Link es conectar a las viudas. Es importante considerar que las viudas necesitan platicar entre sí porque esto les ayuda a sanar.

Siempre puedes cambiar los horarios de las reuniones futuras si así lo deseas. Cuando primero comenzamos, nos reuníamos dos veces al mes. Cuando mis viajes aumentaron y la nueva líder asumió el control, cambió los eventos para reunirse una vez al mes. Escucha y sé sensible a las preferencias de los miembros del grupo. Sin embargo, recuerda que no siempre podrás complacer a todas.

Si estás comenzando este ministerio sola, sigue adelante y sigue creyendo que Dios traerá a las personas que necesitas para que caminen a tu lado. Si eres fiel a Dios, Él honrará tu trabajo.

PLANEACIÓN DE LA PRIMERA REUNIÓN

Una vez que hayas decidido el día de la semana, la hora y la frecuencia de las reuniones, podrás decidir la fecha de tu primera reunión. Siempre consulta primero el calendario de la iglesia para asegurarte de que no habrá conflicto con la fecha, la hora y el lugar que hayas elegido.

UBICACIÓN

Aquí hay mucha flexibilidad. Es muy fácil comenzar en la iglesia. Otras opciones incluyen lugares fuera de la iglesia que pueden ser más "amigables para los visitantes" que no asisten a tu iglesia o pertenecen a otra denominación, como una biblioteca, una cafetería, un banco, una casa, un club o un centro para personas mayores. Es útil reunirse en el mismo lugar cuando comiences tu ministerio para viudas para que ellas sepan dónde deben ir.

QUIÉN ESTÁ INVITADO

Te recomendamos limitar las reuniones a mujeres y no incluir a viudos. Si tu iglesia tiene un grupo de viudos, este programa también funcionará para ellos. Los dos grupos pueden reunirse en lugares y horarios distintos.

Con respecto a la inclusión de divorciadas y solteras en tu grupo, la decisión es tuya. Es cierto que no cuentan con ese cobijo masculino, pero sus vivencias son distintas a las de una viuda. Permite que el Señor te guíe en esto.

EL MOTIVO DE LAS REUNIONES DE GRUPOS PEQUEÑOS

Es importante recordar que estas reuniones son una oportunidad para que las viudas se abran y conozcan entre sí. Querrás crear un lugar seguro y amoroso para que compartan y formen una familia juntas. Por lo tanto, te animamos a evitar que se convierta en "un estudio de la Biblia más". Las viudas tienen una profunda necesidad de compartir lo que sienten y aprender de quienes han vivido la misma experiencia.

Puedes planear actividades para las reuniones, pero también debes ser flexible y dejarte guiar por el Espíritu Santo si tus invitadas necesitan platicar. Durante los primeros seis meses de nuestro pequeño grupo, normalmente dejaba a un lado todos los planes que había hecho para que las mujeres pudieran compartir entre sí. Sin embargo, siempre incluí un breve devocional y una oración, de los que hablaremos más en la siguiente sección.

EL FORMATO DE LAS REUNIONES

Esta es la parte divertida. La reunión puede ser lo que tú y tu grupo quieran que sea. Revisa las hojas de datos que llenaron las viudas para ver qué les gusta y qué les gustaría ver y hacer como parte de este ministerio para viudas. En el siguiente capítulo encontrarás una lista de ideas que puedes aplicar con tu grupo.

Aquí hay algunas ideas de lo que puedes hacer en la reunión:

1. Es agradable tener una reunión que incluye alimentos. Muchas viudas se hartan de comer solas. También ayuda a crear un ambiente relajado. Comer y compartir van de la mano. Vemos en la Biblia cuántas veces Jesús se sentó a comer con la gente. Muchas viudas pueden abrirse durante una comida, más que cuando están simplemente sentadas en un grupo.

   Hay distintas formas de armar este plan. Puedes organizar una comida de "traje" a la que todas lleven algo que cocinaron o compraron en un restaurante y pedir que contribuyan con algo de dinero para pagar la comida. Es posible que haya una clase de escuela dominical o un grupo pequeño que también pueda ayudar a traer los alimentos.

2. Cuando decoras las mesas ayudas a que las viudas se sientan especiales. Si optas por decorar, puedes preguntar si alguna de las viudas quisiera ser la encargada de decorar las mesas para tus reuniones. Dios nos da distintos dones, y algunas mujeres encuentran alegría en la decoración. Les ofrece una vía para utilizar sus talentos.

3. Pide que alguien controle la asistencia o que todas se registren. Cuando contactas a quienes no asistieron sabrán que son amadas y que las extrañaron.

4. Es importante contar con etiquetas para los nombres de cada asistente. Puede que pienses que todo el mundo se conoce, pero a medida que llegan las visitas, les resulta más grato poder llamar a alguien por su nombre. ¿Y quién de nosotros no ha olvidado el nombre de alguien?

5. Siempre es bueno tener un devocional corto. La Palabra de Dios es "lámpara a [nuestros] pies, y lumbrera a [nuestro] camino" (Salmos 119:105). Las viudas necesitan dirección en sus vidas. La Biblia nos anima, nos eleva y nos indica el camino a Dios. Sin embargo, como sugerimos anteriormente, no permitas que esta reunión se convierta en "simplemente otro estudio bíblico". Las mujeres necesitan poder compartir y platicar.

6. Planear algunos juegos tranquilos o incluso tener un día de juego mensual es una opción divertida para las viudas. Los juegos pueden hacer que la gente se ría y les ofrece otra posibilidad de conocerse entre sí. Algunas mujeres disfrutan la competencia sana. Puedes encontrar ideas de juegos en Internet o en tu biblioteca local.

7. Los rompehielos son una excelente manera de hacer que las

mujeres hablen y se conecten entre sí. Estos incluso pueden terminar siendo la mayor parte de la reunión, lo cual está bien. Recuerda que el propósito de estos grupos pequeños es "conectar" a las viudas, y los rompehielos pueden hacer precisamente eso. Encontrarás cientos de ideas para romper el hielo en Internet.

Dependiendo del tamaño de tu grupo, es posible que desees dividirlo en grupos más pequeños de seis u ocho mujeres para que todas tengan más oportunidades para compartir.

8. En el siguiente capítulo, encontrarás una lista de ideas para reuniones junto con sugerencias de paseos. Viajar juntas, ya sea en automóvil o camioneta, puede ser fantástico porque da tiempo para platicar en petit comité. Nuestro pequeño grupo optó por hacer algunas de nuestras reuniones en la iglesia combinadas con salidas a algún lugar en otras ocasiones.

9. Puedes ofrecer un premio en la entrada en cada una de tus reuniones. Las viudas extrañan no recibir obsequios de sus maridos. ¡Y a todo el mundo le encanta ganarse un premio! Para algunas personas, esto también puede suponer un incentivo adicional para asistir a la reunión.

10. Si quieres ver algunas ideas sobre cómo iniciar conversaciones en tus reuniones, tenemos una lista de preguntas que puedes utilizar en el capítulo 7, "Recursos del programa Widows Link". También puedes leer una o dos páginas de un libro sobre el duelo que servirá para iniciar una conversación sobre lo que ha pasado o cómo se sienten. Hay una lista de libros sugeridos en el capítulo 7.

11. Es importante ser flexible en tus reuniones. Es posible que tengas ciertos planes, pero al observar y escuchar, es probable que las mujeres sólo quieran platicar. Considera que estás construyendo conexiones familiares y que este tiempo para compartir les permite conocerse a un nivel más profundo.

12. Antes de finalizar la reunión, recuerda anunciar la fecha de la próxima reunión. Es útil poder imprimir recordatorios o invitaciones que les sirvan para tenerlo en mente una vez que estén en casa. En las casas de viudas mayores encontrarás el aviso de las próximas reuniones pegados a sus refrigeradores. Entregarles un recordatorio tangible les ayudará a recordar la próxima reunión, aunque alguien las llame para recordarles.

    Utiliza las hojas de datos de viudas para planear que alguien llame a cada miembro del grupo entre tres y cinco días antes de cada reunión. Incluso puedes enviar una invitación para la reunión. Podrás encontrar ejemplos de invitaciones en el capítulo 7.

13. Aparta un tiempo de oración durante la reunión para que las viudas puedan orar unas por otras. Considera que es probable que algunas no se sientan cómodas orando en voz alta o por alguien más. Quizás puedas enseñarles cómo orar unas por las otras. Como dijeron los discípulos: "Señor, enséñanos a orar" (Lucas 11:1 NVI). De vez en cuando, pídeles que se reúnan en pequeños grupos de dos o tres personas para compartir sus peticiones y luego orar unas por las otras.

Precaución: no querrás permitir que tus reuniones se conviertan en un momento en el que alguna diga "Oh, quiero que sientan lástima de mí y de mis problemas". Les quieres levantar el espíritu para que se sientan optimistas. Hay momentos en que las viudas definitivamente necesitan compartir los problemas y los desafíos que enfrentan durante la viudez. Sin embargo, necesitas pedirle al Espíritu Santo que te ayude a lograr un equilibrio; de lo contrario, algunas viudas no querrán regresar porque tienen suficientes momentos tristes en su vida diaria. Como líderes ministeriales, estamos aquí para escuchar, pero también para mostrarles la esperanza que tienen en Jesús.

MÁS RECOMENDACIONES SOBRE LA PLANEACIÓN

Aquí hay algunas ideas adicionales sobre cómo hacer que las reuniones del ministerio para viudas sean exitosas:

1. Después de celebrar la primera reunión, tendrás una idea de la frecuencia con la que se querrá reunir tu grupo y en qué días. Habrás recopilado las hojas de datos de viudas, por lo que podrás enviar recordatorios de las próximas reuniones y eventos.

2. Planifica las próximas dos reuniones para tener una idea de qué cosas se tendrán que preparar antes de las reuniones.

3. Al planear las reuniones y los eventos, recuerda que la mayoría de las viudas tienen ingresos limitados. Si cada reunión les cuesta dinero, es probable que sus finanzas no les permitan participar en al evento grupal. Mantén al mínimo el costo para las viudas.

4. Pídele a alguien de tu grupo que haga llamadas telefónicas de recordatorio a las viudas unos días antes de cada reunión.

5. Pregunta si alguna de las viudas de tu grupo se quiere encargar de decorar las mesas para tu próxima reunión o evento.

6. Prepara un calendario marcando los cumpleaños de cada viuda, eventos especiales y demás. Saca copias del calendario mensual para entregarle una a cada viuda. Anímalas a recordar los cumpleaños de las demás. Es probable que decidas incluir los datos de contacto de las viudas con sus nombres, domicilios y números telefónicos en una hoja al principio del calendario.

7. Recluta a un miembro del equipo para que ayude a dar seguimiento con quienes no asistieron a la reunión.

8. Considera darle un nombre a tu grupo pequeño. Esto crea un sentido de pertenencia. Les puedes pedir a las participantes que piensen en algunas ideas para que juntas decidan durante su próxima reunión. Hacer que participen en la creación de un nombre las ayuda a sentirse como una parte integral del grupo.

Aquí hay algunos ejemplos de nombres de grupos de viudas:
    A. M.D.V. (Mujeres de Valor)
    B. Hijas de Rut
    C. Alegría por la mañana
    D. Nuevos comienzos
    E. V.V.C. (Vengan, Vamos a Conocernos)
    F. Conexión amiga
    G. Encontrar valor en la viudez

A continuación, encontrarás las direcciones de algunos sitios web que te darán más ideas de nombres:

A. https://actuallygoodteamnames.com/womens-ministry-names

B. https://groupnamesadda.com/womens-ministry-names

9. Mi última sugerencia es que pidas a las participantes que evalúen la primera reunión, y que luego hagan evaluaciones trimestrales. Entrega los formularios de evaluación de las reuniones que encontrarás en el capítulo 7 a los miembros de tu equipo. Pídeles que llenen el formulario después de la reunión o unos días después de la reunión. Revisen los formularios en grupo para ver cómo pueden mejorar sus reuniones.

Ahora tienes el formato básico para tus reuniones. Ten en cuenta que deseas dejar mucho tiempo para que los miembros del grupo compartan y platiquen entre sí. Quienes llevan más tiempo de viudas podrán animar a las que tienen poco tiempo.

Testimonial: Linda Scholtz, líder del grupo de viudas en Boone, Colorado

Mi esposo Paul y yo servimos como los primeros capellanes de rodeo de las Asambleas de Dios durante casi 40 años. Él falleció en 2017. Seis meses después de su muerte, reuní a las viudas de mi iglesia para organizar una salida de fin de semana. Mientras observaba que las participantes platicaban entre sí, entendí la importancia de que se conectaran entre sí, por lo que le pregunté a la secretaria de mi iglesia local cuántas viudas había en la congregación. La secretaria me dijo que no tenía idea. Entonces yo exclamé "Bueno, pues vamos a hacer algo al respecto".

Le pregunté al pastor si las viudas podían reunirse en la iglesia para poder averiguar qué les gustaría hacer. Nuestra primera reunión fue un miércoles por la noche en febrero de 2020. ¡Entonces, llegó el COVID-19! Durante el encierro provocado por el COVID, tuve la oportunidad de pasar tiempo con Marlene Craft. Marlene compartió toda la información sobre cómo crear un grupo pequeño para viudas. Esto me ayudó muchísimo porque, aunque soy viuda, no estaba segura de cómo ayudar a las demás.

El programa de Marlene me dio una idea básica de qué hacer durante las reuniones de grupos pequeños de viudas y qué hacer para ayudarlas a sentirse especiales. He podido ampliar el ministerio para viudas, y ahora dirijo dos distintos grupos de viudas.

A las viudas les encanta tener a alguien que simplemente les entienda, tener a alguien que ha pasado por lo que ellas han pasado. Otras viudas y yo hemos hecho un pacto de que, si estamos en casa, una de nosotras intentará estar en el funeral del marido de una nueva viuda, sólo para estar a su lado y darle cariño. Les hacemos saber que estamos aquí para apoyarlas. Entonces, comienza la conexión, y así saben que alguien las entiende.

Estaba leyendo la parte del capítulo sobre las reuniones de grupos pequeños en la que se menciona que no somos un grupo de estudio de la Biblia más. Entonces, en cada reunión tengo un devocional o algo que las alienta, aunque simplemente les damos tiempo para hablar.

Algunas estarán enfrentando el primer aniversario de su muerte. Nunca se sabe por qué situación se está pasando cada semana. Simplemente les damos tiempo para compartir lo que sucede en sus vidas, y todas tratamos de animar y consolarnos las unas a las otras.

Eso es lo que dicen que disfrutan más. Disfrutan de que alguien esté allí y, por lo general, sólo dicen: "Bueno, hoy habría sido nuestro aniversario".

Otra lección que aprendí del programa es la importancia de entregar un pequeño premio o regalo en la entrada de cada reunión. Las viudas extrañan recibir regalos de sus maridos, y, muchas veces, incluso los familiares no recuerdan las fechas especiales. Cuando Marlene compartió su sentir con las viudas en una de nuestras reuniones, les dio Kisses de Hershey's a todas las viudas y habló de cómo Dios nos "besa" con distintas bendiciones. Es su forma de recordarnos cuánto nos ama. Por eso sigo repartiendo Kisses de Hershey's en nuestras reuniones: para recordarles a las asistentes que busquen recibir esos besos del Señor.

Una cosa especial que he visto es cómo las viudas se unen como hermanas. Cuando las mujeres se llaman entre sí o piden oración, no se trata sólo de lo que podría estar detonando la tristeza. Se trata de cualquier cosa que esté sucediendo en sus vidas. Como hermanas.

El equipo que hemos formado ayuda a ministrar a las viudas que tienen diferentes tipos de necesidades. Mi marido enfrentó una batalla de cinco años antes de morir, por lo que yo puedo ministrar a quienes también pasaron mucho tiempo sabiendo que sus esposos se estaban muriendo. Otras ayudantes han experimentado diferentes tipos de procesos de duelo, por lo que pueden ayudar a otras viudas. El equipo intenta que sea muy alentador para las nuevas viudas, compartiendo con ellas una esperanza y una razón para seguir adelante.

Otra cosa que aprecio mucho son las hojas de datos de viudas que ofrece el programa. Me ayudaron mucho a comprender mejor a nuestras mujeres. También me ayudaron a diseñar las reuniones con base en las preguntas sobre qué les gustaba hacer y dónde les gustaría ir a las reuniones y paseos. Asimismo, he estado utilizando algunos de los recursos del sitio web Widows Link, como las conferencias virtuales de viudas. Para el grupo que se reúne semanalmente durante una hora, dividí la conferencia y sólo mostré a una oradora por semana durante cuatro semanas. Funcionó bastante bien. Para mi otro grupo en su reunión mensual, lo dividí y mostré parte de la conferencia por la mañana, luego tuvimos un rato de convivio, comimos y terminamos de ver el resto de la conferencia por la tarde.

Estoy profundamente agradecida por este programa. Me ha ayudado a entender cómo ministrar a las viudas. Ha sido una herramienta increíble para ayudarme a llevar a cabo lo que el Señor ha puesto en mi corazón.

CAPÍTULO 6

IDEAS ADICIONALES PARA REUNIONES Y PROGRAMAS DE ACERCAMIENTO

Una de las cosas más importantes del ministerio para viudas es conectarlas. Como he enfatizado, lo que querrás hacer es crear un ambiente acogedor donde las mujeres se puedan relajar y compartir entre sí. A continuación, presentamos una lista de las cosas que se pueden hacer durante o en preparación para una reunión. Cambiar las cosas de vez en cuando puede crear un sentido de entusiasmo e interés. Aquí tienes algunas ideas que puedes probar:

1. En WidowsLink.org tenemos una serie de videos llamados "Estimada viuda" que abordan algunos de los desafíos de la viudez. Puedes utilizar las preguntas correspondientes después de ver los videos juntas en las reuniones.

2. Busca a alguien que te haga una demostración de un proyecto artístico de temporada que puedan hacer todas juntas.

3. Invita a alguien que les dé una plática de 20 minutos sobre un tema relevante como presupuestos, uso del teléfono celular o consejos relacionados con la salud.

4. Vístanse con un atuendo formal para disfrutar de una fiesta de té o tea party al estilo inglés.

5. Preparen cajas de regalos para un grupo específico de personas como soldados, estudiantes universitarios, los niños en una casa hogar o en un hospital, etc.

6. Preparen tarjetas navideñas, festivas o alegres para personas que viven en asilos de ancianos.

7. Invita a un agente de viajes para que traiga fotografías y comparta tips para viajar.

8. Invita a un policía para que les de consejos de seguridad.

9. Vayan a un parque o al zoológico y hagan un picnic juntas.

10. Encuentra conciertos gratuitos o económicos en la comunidad a las que puedan asistir juntas.

11. Visiten un museo, un ballet o una producción teatral en la universidad local.

12. Visiten un jardín de flores, a una exposición de arte en la acera o a una conferencia de mujeres.

13. Tengan materiales para colorear o rompecabezas en una reunión o planeen dedicar un día a estas actividades.

14. Hagan una lluvia de ideas para pensar cómo pueden ayudar a las madres solteras.

15. Vayan juntas al cine y luego disfruten de un postre o un helado.

16. Echen una mano, juntas, a otras organizaciones de apoyo en tu comunidad.

17. Vayan a una exposición de arte.

18. Invita a alguien que les pueda enseñar cómo planear un funeral, invertir o comprar un seguro.

19. Planeen o ayuden a organizar una reunión o evento para los jóvenes. Cocinen para ellos y pidan que le hagan preguntas a su grupo sobre sus vidas.

20. Contacta a una universidad local para conocer cómo las viudas se convierten en abuelas adoptivas de los estudiantes.

21. Vayan a un banco de alimentos para ayudar a organizar o repartir alimentos.

22. Visiten a personas confinadas o a los residentes de un asilo de ancianos. Viajen juntas a una atracción turística en su región.

23. Disfruten de una noche de los años 50 en la que todos se disfrazan y preparan sus propios sundaes, que como dicen, es cuando el helado se viste de domingo.

24. Habla con tu centro local para personas mayores para encontrar más ideas creativas de actividades que podrán realizar juntas.

25. Vayan a un crucero juntas.

26. Comuníquese con una casa hogar cerca de donde viven para ver si las viudas pueden ir a leer o jugar con los niños.

27. Consideren realizar un estudio de libro o un club de lectura, preferiblemente en un día diferente al de sus reuniones habituales. Hay sugerencias de libros en el capítulo 7, "Recursos del programa Widows Link".

28. Considera mostrar una de nuestras conferencias virtuales de viudas que encontrarás en nuestro sitio web, WidowsLink. org, durante una reunión. Cada conferencia tiene una duración de aproximadamente 75 minutos.

29. Considera la posibilidad de utilizar una de nuestras presentaciones de Facebook Live en una reunión. Encontrarás más de 80 disponibles en nuestra página de Facebook. Cada una tiene una duración de entre 10 y 20 minutos.

Diviértanse y aprovechen la oportunidad para conocerse a través de estos eventos. Después de todo, están formando una familia.

RESUMEN

Este es el inicio de cosas grandes y maravillosas que el Señor tiene guardadas para ti a medida que te esfuerzas por alcanzar y apoyar a las viudas en tu iglesia o comunidad.

Dentro de este programa, has aprendido que hay una gran necesidad de este ministerio y que Dios tiene un lugar especial en Su corazón para las viudas. Leíste ejemplos de mujeres que atravesaron su época de duelo rodeadas de otras personas que habían experimentado la pérdida de su cónyuge y que finalmente encontraron un propósito en sus vidas.

Esperamos que este programa ofrezca la dirección que necesitas para ayudar a las viudas a conectarse y descubrir el plan de Dios para ellas en esta nueva etapa de sus vidas. Confiamos en que sentirás el apoyo de nuestras oraciones a medida que te acercas al corazón de las viudas. Cada alma es importante para Su reino.

Gracias por dar el paso adelante para marcar la diferencia en las vidas de estas preciadas mujeres. Si podemos ser de ayuda, no dudes en contactarnos llenando el formulario de la opción Connect en WidowsLink.org.

Que Dios bendiga todo lo que hacen tus manos al tenderlas a las viudas de tu comunidad. "Dáselo... las viudas de tus ciudades para que coman y se sacien. Entonces el Señor tu Dios te bendecirá en todo tu trabajo" (Deuteronomio 14:29 NTV).

CAPÍTULO 7

RECURSOS DEL PROGRAMA
WIDOWS LINK

En las siguientes páginas encontrarás muchos de los recursos a los que se hace referencia en los capítulos anteriores. **También encontrarás las versiones digitales de estos recursos en nuestro sitio web en:**

http://widowslink.org/programresources.

A continuación, presentamos una lista de los recursos en este capítulo:

- Hoja de datos de viudas A
- Hoja de datos de viudas B (dos por hoja)
- Ejemplo de un folleto anunciando el evento inaugural
- Invitaciones a reuniones de grupos pequeños
- Formulario de evaluación del banquete o el evento inaugural
- Formulario de evaluación de las reuniones
- Sugerencias para iniciar una conversación
- Sugerencias de libros
- Sugerencias de sitios web y artículos en línea
- Preguntas frecuentes

EJEMPLO DE UN VOLANTE ANUNCIANDO EL EVENTO INAUGURAL

HOJA DE DATOS DE VIUDAS A

Nombre _____Fecha de cumpleaños _____

Domicilio _____

Ciudad _____Estado _____Código Postal _____

Teléfono móvil _____ Teléfono de casa _____

¿Te comunicas por mensajes de texto? SÍ o NO   ¿Vives sola? SÍ o NO

Fecha de fallecimiento de tu esposo _____

Contacto de emergencia _____Número de teléfono _____

¿Cómo prefieres que te contactemos?

    Celular _____Casa _____Mensaje de texto _____Correo electrónico _____

1. El mejor momento para participar sería: (marca todas con las que estés de acuerdo)

	Mañana	Tarde	Noche		Mañana	Tarde	Noche
Domingo				Jueves			
Lunes				Viernes			
Martes				Sábado			
Miércoles							

2. ¿Con qué frecuencia te gustaría tener reuniones?
    Cada semana _____Dos veces al mes _____Cada mes_____Cada trimestre_____

3. ¿Necesitas transporte para llegar a las reuniones?   SÍ o NO

4. ¿Cuáles son algunas actividades y pasatiempos que disfrutas? _____
    _____

5. ¿Qué te gustaría ver y hacer en el ministerio para viudas? _____
    _____

6. ¿Tienes alguna necesidad inmediata? _____
    _____

HOJA DE DATOS DE VIUDAS

Nombre: _____ Fecha de cumpleaños: _____

Domicilio: _____

Ciudad: _____ Estado: _____ Código Postal: _____

Teléfono móvil: _____ Teléfono de casa: _____

Correo electrónico (con letra de molde): _____

Fecha de fallecimiento de tu esposo: _____ ¿Vives sola?   SÍ o NO

Contacto de emergencia:_____ Número de teléfono: _____

¿Cuáles son algunas actividades y pasatiempos que disfrutas? _____

_____

¿Qué te gustaría ver y hacer en el ministerio para viudas? _____

_____

¿Tienes alguna necesidad inmediata? _____

_____

....

HOJA DE DATOS DE VIUDAS

Nombre: _____ Fecha de cumpleaños: _____

Domicilio: _____

Ciudad: _____ Estado: _____ Código Postal: _____

Teléfono móvil: _____ Teléfono de casa: _____

Correo electrónico (con letra de molde): _____

Fecha de fallecimiento de tu esposo: _____ ¿Vives sola?   SÍ o NO

Contacto de emergencia:_____ Número de teléfono: _____

¿Cuáles son algunas actividades y pasatiempos que disfrutas? _____

_____

¿Qué te gustaría ver y hacer en el ministerio para viudas? _____

_____

¿Tienes alguna necesidad inmediata? _____

_____

Honrar a las viudas de nuestra comunidad

Una comida para viudas

(Día y fecha)
A las (hora del evento)
En (nombre del lugar)
(Dirección del lugar)
(Opcional) Patrocinado por
(Nombre de la iglesia u organización)

Diversión, comida y compañerismo

Confirmar asistencia: (Nombre y teléfono de la persona de contacto)

Orador invitado:

(Nombre de la persona)

(Información del orador.

A la derecha puedes incluir su foto o una foto que vaya con tu temática).

Te invitamos a una

Reunión de viudas

— · — ✎ — · —

El 18 de julio a las 12 del día
En Smallville Family Church
123 Main St., Smallville
Disfrutaremos de una
Comida de "traje" en la que todas traerán algo para
compartir,
diversión y compañerismo
Invita a una amiga viuda
Para preguntas: llama a María al 123-4567

¡Nos dará mucho gusto verte ahí!

Te invitamos a una

Reunión de viudas

— · — ✎ — · —

El 18 de julio a las 12 del día
En Smallville Family Church
123 Main St., Smallville
Disfrutaremos de una
Comida de "traje" en la que todas traerán algo para
compartir,
diversión y compañerismo
Invita a una amiga viuda
Para preguntas: llama a María al 123-4567

¡Nos dará mucho gusto verte ahí!

Te invitamos a una

Reunión de viudas

— · — ✎ — · —

El 18 de julio a las 12 del día
En Smallville Family Church
123 Main St., Smallville
Disfrutaremos de una
Comida de "traje" en la que todas traerán algo para
compartir,
diversión y compañerismo
Invita a una amiga viuda
Para preguntas: llama a María al 123-4567

¡Nos dará mucho gusto verte ahí!

Te invitamos a una

Reunión de viudas

— · — ✎ — · —

El 18 de julio a las 12 del día
En Smallville Family Church
123 Main St., Smallville
Disfrutaremos de una
Comida de "traje" en la que todas traerán algo para
compartir,
diversión y compañerismo
Invita a una amiga viuda
Para preguntas: llama a María al 123-4567

¡Nos dará mucho gusto verte ahí!

FORMULARIO DE EVALUACIÓN DEL BANQUETE/EVENTO INAUGURAL

1. ¿Qué fue lo que más disfrutaste del banquete/evento inaugural?

    _____

    _____

2. ¿Qué podríamos haber hecho para planear mejorar el evento?

    _____

    _____

3. ¿Sientes que el orador se comunicó eficazmente?

    _____

    _____

4. ¿Consideras que se aprovechó bien el tiempo asignado al banquete?

    _____

    _____

5. ¿Qué problemas surgieron que tal vez sea necesario abordar?

    _____

    _____

6. ¿Qué ideas tienes para futuros banquetes?

    _____

    _____

7. Después de este evento, ¿qué opinas de la importancia de conectar a las viudas entre sí?

    _____

    _____

FORMULARIO DE EVALUACIÓN DE LA REUNIÓN

1. ¿Qué fue lo que más disfrutaste de la reunión?

    _____

    _____

2. ¿Qué podríamos haber hecho para planear mejorar la reunión?

    _____

    _____

3. ¿Consideras que el tiempo asignado para la reunión fue suficiente?

    _____

    _____

4. ¿Qué problemas surgieron que tal vez sea necesario abordar?

    _____

    _____

5. ¿Qué ideas tienes para futuras reuniones?

    _____

    _____

6. ¿Te gustaría compartir un testimonio o algo especial que sucedió durante la reunión?

    _____

    _____

SUGERENCIAS PARA INICIAR UNA CONVERSACIÓN

Esta es una colección de ideas sobre temas que pueden platicar en sus reuniones y que ayudarán a las viudas a abrirse y conocerse unas a otras. Cuando utilices las sugerencias para iniciar una conversación, nunca querrás que todas se sientan obligadas a compartir. Al tratar de crear una atmósfera segura para ellas, es mejor dejarles decidir cuándo quieren hablar. Es importante recordar que no sabes qué día está teniendo la viuda hasta ese momento. Como todos lo sabemos, el duelo es un animal extraño que puede capturar su mente y sus sentimientos. Pídele a Dios que te indique qué preguntas debes utilizar.

1. Cuéntanos algo gracioso que hacía tu esposo.
2. Cuéntanos cómo conociste a tu esposo.
3. ¿Qué lugar te gustaría visitar algún día?
4. ¿Quién fue la persona más influyente en tu vida?
5. ¿Cuál ha sido el aspecto más difícil de tu viudez hasta ahora?
6. ¿Qué has descubierto acerca de ti misma desde que enviudaste?
7. ¿Cuál ha sido el mejor día de tu vida hasta ahora?
8. Define el duelo usando sólo tres palabras.
9. ¿Cuál es tu recuerdo favorito de tu marido?
10. ¿Cuál es tu versículo favorito relacionado con el duelo?
11. ¿Qué es lo que más te molesta de tu pérdida?
12. ¿Cuál es tu época favorita del año y por qué?
13. ¿Qué es lo peor que alguien te ha dicho desde que enviudaste?
14. ¿Qué desearías que la gente que te rodea entendiera?
15. ¿Alguna vez has sentido que quieres rendirte?

16. ¿Qué hay en tu lista de deseos?

17. ¿Qué te inspira esperanza acerca del futuro?

18. ¿Qué es lo que más extrañas de tu marido?

19. ¿Qué es lo que más agradeces en este momento de tu vida?

20. ¿Qué es lo que te estás preguntando actualmente?

21. ¿Qué es lo que más temes del futuro?

22. ¿Cómo ha afectado el duelo tu trabajo en casa o en tu trabajo?

También hay paquetes para iniciar conversaciones que puedes encontrar en línea, como TableTopics.com.

SUGERENCIAS DE LIBROS

Para conversar y aprender

- *Getting to the Other Side of Grief: Overcoming the Loss of a Spouse* por Susan J. Zonnebelt-Smeenge y Robert C. De Vries
- *From One Widow to Another: Conversations on the New You* por Miriam Neff
- *Postcards from the Widows' Path: Gleaning Hope and Purpose from the book of Ruth* por Ferree Hardy
- *Reflections of a Grieving Spouse: The Unexpected Journey from Loss to Renewed Hope* por H. Norman Wright
- *Grieving With Hope: Finding Comfort as You Journey through Loss* por Samuel J. Hodges IV y Kathy Leonard
- *Widow to Widow: Thoughtful, Practical Ideas for Rebuilding Your Life* por Genevieve Davis Ginsburg
- *Not Alone: 11 Inspiring Stories of Courageous Widows from the Bible* por Miriam Neff
- *A Widow's Journey: Reflections on Walking Alone* por Gayle Roper

Para consolar

- *Grace for the Widow: A Journey through the Fog of Loss* por Joyce Rogers
- *Grieving the Loss of Someone You Love: Daily Meditations to Help You through the Grieving Process* por Raymond R. Mitsch y Lynn Brookside

- *The Empty Chair: Handling Grief on Holidays and Special Occasions* por Susan J. Zonnebelt-Smeenge y Robert C. De Vries

Para mujeres que enviudaron recientemente

- *A Widow's Journey: Reflections on Walking Alone* por Gayle Roper
- *Experiencing Grief* por H. Norman Wright
- *Grace for the Widow: A Journey through the Fog of Loss* por Joyce Rogers
- *Grieving: Your Path Back to Peace* por James R. White

SUGERENCIAS DE SITIOS WEB Y ARTÍCULOS EN LÍNEA

- Widow Connection (www.widowconnection.com)
Fundadora: Miriam Neff, autora de *From One Widow to Another*

- GriefShare (www.griefshare.org)
Te puedes suscribir para recibir un correo electrónico con palabras de aliento todos los días de forma gratuita durante un año.

- Widow Might (www.widowmight.org)
Cofundadores: David Thielman y Ginger Ewing

- Courage in Grief (https://lp.billygraham.org/courage-in-grief)
Recurso de la Asociación Evangelística Billy Graham

- Walking Forward (https://walkingforward.org)
Fundadora: Miriam Testasecca

- Wings for Widows (www.wingsforwidows.org)
Asesoramiento financiero gratuito para viudas

- La Widow's Guide de la Prestonwood Baptist Church (https://prestonwood.org/give/foundation/widows-guide/)

- Prestaciones del Seguro Social para sobrevivientes (Para solicitar prestaciones: https://www.ssa.gov/pubs/EN-05-10084.pdf)

- AARP (https://www.aarp.org/caregiving/basics/info-2017/truth-about-grief.htmlAARP.org/)

PREGUNTAS FRECUENTES

P: ¿Qué debo hacer si hay algunas personas de carácter más fuerte que parecen controlar la conversación grupal?

R: He aquí un par de ideas: cuando veas que alguien domina la conversación, busca el momento adecuado para intervenir y decir algo que complemente lo que dice. Siéntete libre de comentar sobre lo que han compartido y de luego dirigirte a las demás y di: "¿Hay algo que quisieran compartir con nosotros?" Esto te brindará una manera de redirigir cortésmente la conversación a otras personas en la sala. Confía en el Espíritu Santo para que te ayude a liderar el grupo. La mayoría de las veces te darás cuenta de que a las mujeres les encanta compartir ideas y escucharse mutuamente. Se animarán unas a otras porque entienden por lo que están pasando las demás.

P: Hay algunas mujeres divorciadas que perdieron a sus maridos. ¿Se les consideraría viudas?

R: Hay una diferencia en sus viajes. Aunque las divorciadas atraviesan un proceso de duelo, es posible que les resulte más difícil comprender el profundo vacío que sienten las viudas tras la muerte de sus maridos. La elección de si deseas incluirlas en tu grupo de viudas es tuya.

P: ¿Cuáles son algunas otras maneras en que la iglesia puede ministrar a las viudas?

R: Los hombres pueden hacer cosas como ayudar con los cambios de aceite y el mantenimiento del auto, cosas que necesitan arreglarse en la casa de la viuda y aconsejarla sobre compras o decisiones financieras importantes.

Las mujeres pueden apoyar a limpiar la casa de la viuda, revisar las cosas de su marido por ella, preparar una comida casera, prepararle bolsas de regalos y llevarla a las citas con el médico o a hacer las compras.

Los jóvenes pueden apoyar a encargarse del mantenimiento del césped, lavar su auto, levantar cosas pesadas y cocinar para la viuda.

Los niños pueden hacer tarjetas para San Valentín, Navidad, etc.

CAPÍTULO 8

RECURSOS ADICIONALES

En las siguientes páginas encontrarás recursos adicionales que podrás utilizar al iniciar tu ministerio para viudas, algunos de los cuales mencionamos en los capítulos anteriores. **También puedes encontrar versiones digitales de estos recursos en nuestro sitio web en:**

http://widowslink.org/programresources.

A continuación, presentamos una lista de los recursos en este capítulo:

- Ideas de paquetes para el cuidado de las viudas
- Primero lo primero
- Comunicarse con mujeres que enviudaron recientemente
- Cómo comunicarse con una viuda en duelo
- La canasta de promesas para las viudas
- Consejos de las viudas sobre lo que se debe y no se debe hacer
- Wings for Widows

IDEAS DE PAQUETES PARA EL CUIDADO DE LAS VIUDAS

* Se utilizan con autorización de Widow Might (https://www. widowmight.org/care-package-ideas/).

- Ofrece una comida en un recipiente desechable (asegúrate de anotar de quién es, pero solicita que no se escriba ninguna nota de agradecimiento). Es una bendición ser liberada de esta carga por un tiempo.
- Invítala a tomar un café o a cenar, con un oído atento incluido.
- Dale tarjetas de regalo para restaurantes locales.
- Cómprale un libro (consulta la lista de sugerencias de libros en el capítulo 7).
- Proporciona servicio de niñera gratuito, si corresponde, para que pueda tener un poco de tiempo libre para ella misma.
- Ofrece a llevar a sus hijos a sus actividades.
- Envía una tarjeta o carta por correo para animarla y hacerle saber que estás orando por ella.
- Invítala a ver una película.
- Dale un diario y considera escribir una nota breve en la primera página.
- Ofrécele una escapada asequible para que descanse.
- Regálale una tarjeta de regalo para masajes (el contacto físico es curativo y ayuda a relajarse).
- Regálale una tarjeta regalo de manicura o pedicura.

- Dale un pequeño regalo de cumpleaños o de Navidad (es posible que haya perdido a la única persona que le daba regalos).
- Envíale una nota en el aniversario de la muerte de su esposo y/o su aniversario de bodas (estas fechas a menudo se pasan por alto o se olvidan).
- Ora por sus hijos y acércate a ellos (ministrarles es ministrarla a ella).
- Proponte invitarla a ella y a su familia a cenar y a otras salidas, y hazlo continuamente.

PRIMERO ES LO PRIMERO

El siguiente artículo ayudará a guiar a una viuda a través de las muchas transiciones que pueden ocurrir al comienzo de su viaje.

* Se utiliza con autorización de Widow Might (https://www. widowmight.org/first-things-first/).

Cambios drásticos en la vida

- En general, se recomienda evitar hacer cambios drásticos en la vida, como vender tu casa o cambiar de trabajo, durante al menos un año.
- Si te preocupa tu trabajo, consulta con tu departamento de recursos humanos la posibilidad de ausentarte o reducir tus horas por un periodo de tiempo.
- Es natural preguntarse si deberías quedarte en casa: los recuerdos y las cosas familiares desencadenarán emociones y parecerán intensificar tu dolor. Es normal que esto

suceda mientras estás de duelo. Si es posible, intenta darte tiempo. Considera la posibilidad de que alguien se quede contigo temporalmente, o de quedarte con un amigo o familiar, de manera que sientas apoyo al volver a tu hogar sin tu esposo.

Asuntos legales

- Comunícate con tu abogado de inmediato. Si no tienes un abogado, pídele a un amigo o familiar de confianza que te recomiende a uno.
- Tu abogado te guiará a través de los asuntos pertinentes, que incluyen:
  - Títulos de tu casa, automóvil y otras propiedades
  - Pólizas de seguro
  - Cuentas bancarias
  - Tarjetas de crédito
  - Cuestiones dependientes

Finanzas

- Comunícate con tu planificador financiero de inmediato. Si no tienes uno, pídele a un amigo o familiar de confianza que te recomiende uno.
- Tu asesor financiero te guiará en temas como:
  - Recopilar y revisar todas las declaraciones.
  - Notificar a todas las instituciones.
  - Modificar cuentas y proveedores de servicios.
  - Consideraciones fiscales.
- Consulta los extractos bancarios de los últimos 6 a 12

meses e identifica las facturas recurrentes.

- Solicita de 5 a 10 certificados de defunción. Es posible que necesites certificados de defunción originales para cuentas financieras/bancarias, acreedores y pólizas de seguro de vida.
- Cancela las tarjetas de cheques y de crédito de tu marido; aunque esto es emocionalmente difícil de hacer, es necesario para evitar el fraude.
- Solicita un informe de crédito gratuito tanto para ti como para tu esposo.

Seguro de vida

- La mayoría de las notificaciones financieras pueden esperar, pero normalmente es bastante fácil solicitar un acuerdo de seguro de vida.
- **No inviertas los ingresos del seguro de vida ni pagues deudas importantes de inmediato.**
  Date tiempo para tomar estas grandes decisiones y pide consejo a tu planificador financiero.
- Muchas empresas ofrecen seguros de vida a sus empleados. Comunícate con el departamento de recursos humanos de tu esposo para averiguar si tenía una póliza a través de su empleador.

Seguro social

- Notifica al seguro social sobre la muerte de tu esposo. Visita el sitio web del seguro social para obtener más

- información. Tú y tus hijos dependientes pueden ser elegibles para recibir prestaciones.

Salud

- El duelo puede afectar negativamente tu capacidad para dormir. Incorpora hábitos saludables para mejorar tu sueño y tu salud general.
- Si tu seguro médico se manejaba a través del empleador de tu esposo, comunícate con su departamento de recursos humanos como primer paso.
- Tu planificador financiero puede brindarte información sobre las opciones de seguro médico personal para el futuro.

Emociones

- Si tienes pensamientos suicidas, busca ayuda de inmediato. No esperes. Llama al 911 o a LoveLines Crisis Ministry Connection al 612-379-1199.
- La depresión, las emociones intensas y los cambios de humor son muy normales conforme se vive el duelo. Es útil obtener ayuda profesional durante este tiempo.
- Ten en cuenta que algunos medicamentos recetados pueden provocar pensamientos suicidas, aumento de la ansiedad y otros efectos secundarios que pueden exacerbar los síntomas del duelo. Investiga los efectos secundarios de cualquier medicamento recetado antes de comenzar a tomarlo.

Hogar

- Asegúrate de saber cómo cortar la electricidad, el agua y el gas natural en caso de una emergencia.
- Recopila los números de los proveedores de reparaciones y servicios en caso de necesitarlos. Pide a tus amigos y familiares que te ayuden a hacer esto.

COMUNICACIÓN CON MUJERES QUE ENVIUDARON RECIENTEMENTE

Por JoLeta Nash (misionera asociada de Widows Link)

Cuando se recibe la noticia del fallecimiento:

- Si sabes acerca del suceso, envía un mensaje de texto corto o un mensaje muy breve a través de Facebook Messenger ("Lamento mucho lo de _____. Oro para que sientas que el Señor te rodea con Su consuelo tanto ahora como en los días venideros").

- Envía una tarjeta con una nota de condolencia.

- Pasa a dejarle algo a su casa (por ejemplo, bagels, fruta, guisos, postres o artículos de papel).

- Anota en tu calendario la fecha de fallecimiento (ya sea en tu teléfono o en un calendario físico). Esto es para que puedas comunicarte con la viuda el próximo año y decirle: "Hoy estoy pensando en ti…" También considera anotar las fechas de cuando se cumplan uno, tres y seis meses.

- Si puedes, asiste al funeral.

- Trata de no mencionar la palabra *viuda* ni decir nada sobre el ministerio para las viudas en este momento. Es demasiado pronto, y la mayoría no se considera una "viuda" aún.

Semanalmente, durante el primer mes:

- Envía un mensaje de texto o un mensaje a través de las redes sociales ("Estás en mis pensamientos y oraciones esta mañana, así que quería ver cómo estás...").

- Si enviar mensajes de texto o por otro medio no es una opción, llámala.

- Si te diriges a la tienda, pregúntale si hay algo que puedes comprar por ella.

- Envía una o dos tarjetas adicionales durante el primer mes para decir: "Estoy pensando en ti/oro por ti..."

- Nuevamente, es demasiado pronto para usar la palabra "viuda", así que evita hacerlo.

Un mes después de la muerte:

- Comunícate mediante llamada telefónica, tarjeta, mensaje de texto o FB Messenger.

- Además de decir: "Estoy pensando en ti/oro por ti", también di: "Cuando estés dispuesta, me encantaría invitarte a almorzar o cenar".

- Asegúrate de hacer un seguimiento de su respuesta para que no sienta que la han olvidado o abandonado.

Después de un mes:

- Habla con ella al menos mensualmente (puede ser semanal o cada dos semanas, lo que funcione para la situación/relación).

- Cuando esté lista, ofrécete a llevarla a comer. Puedes dejarla elegir dónde comer (si así lo desea) y ayudarla a sentirse como la persona más importante de ese día. Puedes darle un libro sobre la viudez o un devocional útil, especialmente uno sobre los Salmos. Háblale sobre los próximos eventos para viudas e invítala. Trata de no ser insistente; sólo invítala. El momento en el que está dispuesta a identificarse con un grupo de viudas varía mucho. También infórmale sobre cualquier reunión de un grupo de duelo, como GriefShare, que se lleve a cabo en sus alrededores.

- Procura comunicarte con ella en fechas específicas (cumpleaños, aniversario, seis meses después de la muerte del cónyuge y un año después de la muerte del cónyuge).

- Es bueno pensar en ella en su cumpleaños, aniversario y fecha de fallecimiento de su cónyuge cada año, en la medida de lo posible. Si puedes, aprende a dejar que la viuda dicte cómo avanzas en esta lista. Inicialmente, muchas agradecen que las llames, pero no quieren tener demasiada interacción. Continúa hablando con ella periódicamente y, con el tiempo, la mayoría estarán más abiertas a reunirse contigo o unirse a un grupo. Enviar una tarjeta o comunicarse con una llamada telefónica o un mensaje de texto significa más para la mayoría de las mujeres de lo que creemos; recordar las fechas importantes es muy importante para las viudas, especialmente cuando casi todo el mundo parece haberlo olvidado. Las viudas recordarán durante mucho tiempo a quienes se mantuvieron en contacto con ellas y se interesaron por su nuevo viaje de viudez. Recordarán cuando alguien se tomó el tiempo para hacerles la vida más fácil de alguna manera pequeña (o grande).

- Con el tiempo, es muy gratificante ver cómo se transforma la vida de una viuda al recibir cariño y cuidados. La estás ayudando a sanar y a encontrar esperanza y su nuevo propósito en la vida.

CÓMO COMUNICARSE
• CON UNA PERSONA
EN DUELO

Es posible que dudes en interactuar con una persona que está en duelo por la muerte de un familiar o amigo. Al no saber qué decir, puede que tiendas a evitar a esa persona en el momento en el que necesita tu apoyo. Como consecuencia, podrías herirla profundamente sin querer. No existe una fórmula o una manera sencilla de acercarse a una persona que está en duelo. Lo que debes expresar son la preocupación y el amor en tu corazón. Sé genuino/a; sé auténtico/a, y habla de manera sincera. No hay forma de decir "lo indicado" para que todo esté bien. No hay palabras mágicas que hagan que el dolor desaparezca. Existe una diferencia entre la lástima (eres una víctima) y la empatía (entiendo, y estoy contigo).

A CONTINUACIÓN, PRESENTAMOS ALGUNAS SUGERENCIAS

- Mantén la calma y no emitas juicios de valor.
- Emplea un lenguaje directo y específico (tiempo, lugar, personas del entorno) para ayudar a la persona en duelo a reorientarse.
- Anima a la persona a hablar de lo que ocurrió antes de la muerte.
- Al hablar del o la fallecida, hazlo por su nombre.
- Muestra tu humanidad; sé sincero sobre cómo te sientes.
- Realiza varias visitas breves.
- No intentes controlar el proceso de toma de decisiones. Deja que la persona en duelo haga planes (pero debes estar preparado para intervenir si realmente consideras que una decisión es inapropiada o desacertada).
- Mantente dispuesto a escuchar, especialmente por la noche.
- Deja a la persona llorar y expresar sus emociones.
- Visita durante las semanas posteriores al funeral, cuando los demás vuelven a la vida normal, a excepción de la persona en duelo (quédate presente cuando todos los demás se hayan ido).
- Ministra a toda la familia, pero no dejes que se aferren de una manera que resulte dañina.
- Si la persona afligida quiere hablar de su pérdida, no cambies el tema a otro más ligero.
- No digas que sabes cómo se siente la persona. Cada pérdida es única.
- No tengas miedo de tocarlo a tocarla suavemente y de manera apropiada. ¡Los abrazos suelen ser especialmente apreciados!
- Sigue sus pautas de conversación. No hay nada de malo con el silencio.
- No le digas al o la afligida lo bien que luce como forma de evitar que hable de lo mal que se siente.

Cuéntale a tu amigo sobre GriefShare, un programa de grupos de apoyo para la recuperación del duelo que se reúne en iglesias de todo el mundo y en línea. En GriefShare, las personas encuentran consuelo, ayuda, apoyo y orientación en su camino de duelo. Para encontrar un grupo, visita griefshare.org o llama al 800-395-5755.

LA CANASTA DE PROMESAS PARA LAS VIUDAS

La canasta de promesas para las viudas es un regalo de amor y compasión que se les da uno o dos meses después de la muerte de su cónyuge, no durante las primeras semanas, cuando todavía reciben llamadas telefónicas y guisos.

Arma una canasta con varios artículos para la viuda. Ata una etiqueta a cada artículo con referencias bíblicas de promesas apropiadas de la Palabra de Dios. En las páginas siguientes encontrarás una lista de regalos y los versículos correspondientes. Quizás se te ocurran otras promesas que puedes incluir. Se concede permiso para copiar esta página y hacer etiquetas; la cartulina blanca o de color funciona bien.

Creado por Lynn Bowman, quien pasó más de 20 años honrando y cuidando a las viudas.

ARTÍCULOS PARA LA CANASTA

1. Un nuevo y reluciente billete de un dólar
2. Un juego de fundas de almohada
3. Un plato/artículo pequeño con forma de corazón
4. Una vela
5. Un peine
6. Una taza con bolsitas de té
7. Un pequeño paquete de pañuelos

1

"Mi Dios, pues, suplirá todo lo que os falta conforme a sus riquezas en gloria en Cristo Jesús".

Filipenses 4:19

2

"Cuando te acuestes, no tendrás temor; sino que te acostarás, y tu sueño será grato".

Proverbios 3:24

3

"Por la misericordia de Jehová no hemos sido consumidos, porque nunca decayeron sus misericordias. Nuevas son cada mañana; grande es tu fidelidad".

Lamentaciones 3:22-23

4

"Jehová es mi luz y mi salvación; ¿de quién temeré? Jehová es la fortaleza de mi vida; ¿de quién he de atemorizarme?"

Salmos 27:1

5

"Pues aun vuestros cabellos están todos contados. Así que, no temáis; más valéis vosotros que muchos pajarillos".

Mateo 10:30-31

6

"Y de conocer el amor de Cristo, que excede a todo conocimiento, para que seáis llenos de toda la plenitud de Dios".

Efesios 3:19

7

"Enjugará Dios toda lágrima de los ojos de ellos; y ya no habrá muerte, ni habrá más llanto, ni clamor, ni dolor".

Apocalipsis 21:4

Esta pequeña canasta está llena de artículos que representan las promesas de Dios. Al usar estos artículos, recuerda que estoy orando por ti. Lo más importante es que sepas que Dios te ama y que sus promesas nunca fallan.

SUGERENCIAS DE LIBROS DE REGALO:

Para mujeres: *A Widow's Journey* por Gayle Roper

Para los hombres: *Experiencing Grief* por H. Norman Wright

OTRAS COSAS QUE PUEDES INCLUIR:

Dulces, mentas, una linterna; usa tu imaginación.

Este será un regalo especial para la viuda o el viudo, y una forma de recordarle que tú y el Señor la o lo aman.

CONSEJOS DE LAS VIUDAS SOBRE LO QUE SE DEBE Y NO SE DEBE HACER

* Se utilizan con autorización de Widow Might (https://www. widowmight.org/dos-and-donts/).

LO QUE SE DEBE HACER...

- Llámame cada cuantos días para ver cómo estoy, especialmente durante los primeros seis meses.
- Ofrécete a ayudar y sé lo más específica posible. Dime en qué te gustaría ayudarnos (recados, mantenimiento del hogar, preparación de comidas, etc.) y qué horarios te convienen.
- Si tengo niños en casa, ofrécete a cuidarlos o a llevarlos en auto.
- Ayúdame a encontrar profesionales calificados que me ayuden a tomar grandes decisiones/acciones.
- Ayuda con la resolución de problemas, como la reparación del automóvil, las reparaciones del hogar, la elección de un servicio de jardinería, etc.
- Investiga, brinda opciones adecuadas y dame tu opinión, pero permíteme tomar la decisión final.
- Ofrécete a acompañarme a citas y lugares a los que pueda resultarme difícil ir sola.
- Cuida mi apariencia física y ve a comprar ropa conmigo si cambia mi talla.
- Anímame a obtener la ayuda que necesito, que puede incluir grupos de apoyo o asesoramiento.

- Sé indulgente, cariñosa y empática.
- Dame más gracia, ya que el mundo entero ha cambiado para mí.
- Muéstrame compasión y cuidado, y date cuenta de que me encuentro muy vulnerable en este momento.
- Quédate conmigo y anímame mientras me aventuro en el mundo nuevamente.
- Ayúdame a creer en mí misma. Es difícil, pero puedo hacerlo.
- Sigue amándome y orando por mí.
- Sigue adelante y haz lo que me dices que harás.

LO QUE NO SE DEBE HACER...

- No tengas miedo de decirme que no tienes idea de qué decir.
- No digas que sabes exactamente por lo que estoy pasando.
- No tengas miedo de darme un abrazo.
- No me digas que soy fuerte; me impide compartir por lo que realmente estoy pasando y me hace sentir que tengo que hacerlo todo sola.
- No asumas que te llamaré cuando necesite ayuda con algo. Sé proactiva y ofrécete a ayudar con tareas específicas u ofrece un momento concreto en el que puedas ayudar.
- No tengas miedo de cortar mi césped o de quitar la nieve del camino de mi entrada.
- No evites hablar de mi marido. Me encanta escuchar historias sobre él.

- No te lo tomes personal si olvido cumpleaños, citas, etc.
- No tengas miedo de incluirme en reuniones donde estarán presentes otras parejas.
- No preguntes cómo estoy a menos que quieras una respuesta honesta.
- No esperes que te ayude a lidiar con tu dolor, ya que apenas puedo manejar el mío.
- No me juzgues si estoy sufriendo demasiado o muy poco.
- No te desanimes si respondo con un "no" cuando te ofrezcas a ayudarme. Sigue contactándome y visitándome.
- No esperes a que alguien más dé un paso al frente. Si puedes hacerlo, ¡hazlo! Y hazlo ahora.
- No asumas que las cosas han mejorado sólo porque han pasado varios meses. El duelo es un proceso largo.
- No te tomes personal mi depresión y mi pesimismo. Continúa amándome incondicional y consistentemente. Muéstrate presente y disponible.

SOBRE LA AUTORA

Las viudas son personas dentro de nuestras comunidades e incluso de nuestras iglesias que han sido pasadas por alto y desatendidas desde el primer siglo (Hechos 6:1). Marlene Craft pasó casi treinta años en el ministerio pastoral de tiempo completo con su esposo antes de su repentino fallecimiento a los 55 años. Entonces, Dios le dio a Marlene una nueva visión para el ministerio, y nació Widows Link. Un mes después del fallecimiento de su esposo, Marlene supo que quería ministrar a las viudas. Ella sintió que el Señor le dijo que primero tenía que sanar bien, porque las personas que sufren no pueden ayudar a otras personas que también sufren. La iglesia a la que asistía acababa de comenzar un programa de GriefShare. Marlene asistió a las sesiones tres veces, y luego trabajó en su equipo de liderazgo durante dos años.

Después de eso, comenzó un ministerio de grupos pequeños para viudas en su iglesia. Cuando Marlene vio la sanación que tuvo lugar en las vidas de esas viudas, su pasión se volvió equipar a otras iglesias para que hicieran lo mismo. Tres años después de iniciar el grupo pequeño, tomó las medidas necesarias para convertirse en la primera misionera estadounidense para las viudas de las Asambleas de Dios. Esto le dio los medios para viajar por el país y ayudar a las iglesias a iniciar un ministerio para las viudas.

Un mes después de convertirse en misionera plenamente designada, comenzaron los "obstáculos" que retrasaron sus planes para la redacción del programa. 30 días después de celebrar ser misionera, a Marlene le diagnosticaron leucemia. Afortunadamente, era una forma de la enfermedad de crecimiento lento y menos agresiva, por lo que los médicos planearon simplemente observarla. Siete meses más tarde acabó padeciendo un raro caso de arteritis de células gigantes, y como resultado quedó totalmente ciega del ojo izquierdo. Después de una biopsia y sólo dos días antes del segundo Crucero de viudas de Widows Link, descubrió que la ceguera era permanente. Esto no detuvo el corazón de Marlene para equipar a la iglesia y ministrar a las viudas. Un año después, se sometió a dos ablaciones cardíacas separadas, y, un año más tarde, perdió dos tercios de su bazo a causa de la leucemia. A pesar de los muchos "obstáculos" en el camino, el corazón de Marlene se ha mantenido firme para terminar este libro que hoy tienes en tus manos.

Todo se debe al gran corazón que Dios tiene para las viudas y a Su mandato de que la iglesia cuide de ellas (Santiago 1:27), por lo que Marlene no ha permitido que nada detenga su trabajo en favor de las viudas. Ahora tú también puedes vivir la religión pura y genuina al cuidar a las viudas de tu comunidad.

NOTAS FINALES

1. "Marital Status of the United States Population in 2021, By Sex," Statista.com, consultado el 19 de agosto de 2022, https://www.statista.com/statistics/242030/marital-status-of-the-us-population-by-sex/.

2. Shall We Dance, dirigida por Peter Chelsom, escrita por Masayuki Suô y Audrey Wells, con Richard Gere, Jennifer Lopez y Susan Sarandon (Nueva York: Miramax, 2004).

3. "Marital Status of the United States Population in 2021, By Sex," Statista.com, consultado el 19 de agosto de 2022, https://www.statista.com/statistics/242030/marital-status-of-the-us-population-by-sex/.

4. Alicia Polk, "Top 10 Stressful Life Events," VitalsCounseling.com, 29 de julio de 2018, https://vitaliscounseling.com/2018/07/19/top-10-stressful-life-events/.

5. "Marital Status of the United States Population in 2021, By Sex," Statista.com, consultado el 19 de agosto de 2022, https://www.statista.com/statistics/242030/marital-status-of-the-us-population-by-sex/.

6. "Marital Status of the United States Population in 2021, By Sex"

7. "Marital Status of the United States Population in 2021, By Sex"

www.ingramcontent.com/pod-product-compliance
Lightning Source LLC
Chambersburg PA
CBHW080752120626
46557CB00005B/1235